Michael Kleeberg

Glücks ritter

Michael Kleeberg

Glücks ritter

Recherche über meinen Vater

Galiani
Berlin

Inhalt

»Hans, als er sie mit seinen Augen in die Tiefe hatte versinken sehen, sprang vor Freuden auf, kniete dann nieder und dankte Gott mit Thränen in den Augen, dass er ihm auch diese Gnade noch erwiesen und ihn auf eine so gute Art und ohne dass er sich einen Vorwurf zu machen brauchte, von den schweren Steinen befreit hätte, die ihm allein noch hinderlich gewesen wären. ›So glücklich wie ich‹, rief er aus, ›gibt es keinen Menschen unter der Sonne.‹ Mit leichtem Herzen und frei von aller Last sprang er nun fort, bis er daheim bei seiner Mutter war.«

Brüder Grimm, Hans im Glück, 1857

»Und sie werden nicht mehr frei ihr ganzes Leben – und sie sind glücklich dabei.«

Adolf Hitler, Reichenberger Rede, 1938

1. Kapitel

Das Hans-im-Glück-Syndrom

In den Osterferien 2011 verbrachte ich mit meiner Familie zwei Wochen in Irland. Wie jedes Mal, wenn wir verreisten, hütete in dieser Zeit mein Vater bei uns ein, um sich um Hund und Katzen zu kümmern.

Obwohl es reiner Urlaub sein sollte, hatte meine Frau ihren Mailverkehr auf ihr Mobiltelefon umgeleitet, um auch auf Achill Island zumindest abends oder morgens einen kurzen Blick auf ihre Korrespondenz werfen und eventuelle dringende Schreiben beantworten zu können. Zu ihrem großen Verdruss funktionierte das aber nicht – ich weiß nicht mehr, ob es an fehlendem Netz lag oder irgendwelchen anderen Gründen. Nach einigen Tagen hatte sich meine Frau ins unabänderliche Offline-Dasein gefügt, es gab genug zu tun und zu sehen.

Kaum aber war unser Rückflug in Tegel gelandet, und 150 Menschen starteten im Gang stehend und auf den Ausstieg wartend ihre Telefone, ratterte – bildlich gesprochen – der Ertrag von 15 Tagen in ihre Eingangsbox. Dutzende und Aberdutzende in diesen zwei Wochen auf ihrem Computer empfangene Mails – jetzt wo der wieder in Reichweite war, standen sie alle auch zusätzlich im

Telefon und waren, ihrer Aktualität verlustig, nur noch eine Plage.

Sehr bald jedoch sollten sich diese aufs Handy meiner Frau kopierten Mails als von entscheidender Wichtigkeit erweisen.

Wir waren am Dienstag nach Dublin geflogen, also war mein Vater am Montag nach dem Frühstück in sein Auto gestiegen und vor dem Mittagessen bei uns angekommen. Die knapp 300 Kilometer von Hamburg nach Berlin schaffte er, wie er sagte, locker in zweieinhalb Stunden. Er fuhr immer noch gerne schnell. Er verschwand mit seiner kleinen Reisetasche im Gästezimmer, zog sich bequeme Kleidung an, packte seinen Kulturbeutel im Badezimmer aus und setzte sich dann mit unserer Tochter, während ich den Tisch deckte, ins Wohnzimmer, um ihr rasch noch eine Geschichte zu erzählen. Im Januar war er 80 geworden, und er war, abgesehen von ein paar alterstypischen Zipperlein wie einer vergrößerten Prostata, bei guter Gesundheit.

Da der Teddy meiner Tochter auf dem Sofa lag, improvisierte mein Vater eine Geschichte über einen Teddybären. Das Mädchen wird erwachsen, und der Bär, der ihre Kindheit und Jugend miterlebt und behütet hat, wandert in den Wandschrank, wo er zehn entsetzlich einsame Jahre verbringt, bis eines Tages die Tür aufgeht, und ein neues kleines Mädchen, die Tochter seiner vormaligen Gefährtin, mit strahlenden Augen dem Teddy zu einem späten Glück verhilft.

Als ich rief: »Essen steht auf dem Tisch«, konstatierte ich lächelnd, dass mein Vater, wie früher, die Erzählung mit perfektem Timing zu Ende brachte.

Er erhob sich und sagte händereibend den Satz, den ich in meinem Leben vielleicht tausendmal von ihm gehört habe, wenn meine Mutter zu Tisch rief: »Doch wenn's zum Esse' gegange' is, dann hat's ihn gar grausam geeilt.« Das hörte sich komisch an, wenn man ihn sah, denn er hatte seit der Fresswelle in den frühen Sechzigern einen dicken Bauch, wenn ›dick‹ auch kein Wort war, das er benutzte, weder für sich noch für andere. Noch weniger das Wort ›fett‹. Mein Vater sagte ›proper‹ oder ›rundlich‹, selbst seine Schwägerin, meine adipöse Tante, die bei 1,63 Körpergröße zuletzt weit über 100 Kilo wog, nannte er liebevoll ›moppelig‹.

Sooft ich meinen Vater sein geflügeltes Wort zu den Mahlzeiten hatte sagen hören, hatte ich mir doch nie Gedanken gemacht, woher es eigentlich kam. Andere seiner Schablonen waren als Schiller- oder Goethe-Zitate zu erkennen oder hatten Frankfurter Lokalbezüge. Aber über dieses ging ich immer hinweg. Erst jetzt habe ich nachgeforscht und herausgefunden, dass es sich dabei um ein Lied des 1736 geborenen fränkischen Mundartdichters Johann Konrad Grübel handelt, *Der Schlossergesell*.

Ein Schlosser hat einen Gesellen gehabt, der hat zwar langsam gefeilt, doch wenns zum Essen gegangen ist, dann hats ihn gar grausam geeilt.

»Früher hast du nicht so traurige Geschichten erzählt«, sagte ich, als wir alle saßen, denn die Verbannung im Wandschrank ging mir nach.

»Das war eine schöne Geschichte!«, protestierte meine Tochter.

»Ich will ein paar davon aufschreiben und dachte, ich gebe sie dem Rydlewski. Vielleicht macht er was draus.«

»Darauf hat der gerade gewartet«, sagte ich. »Früher hast du auch nicht daran gedacht, etwas aus deinen Geschichten ›zu machen‹ oder sie zu verkaufen. Schon gar nicht ans Fernsehen.«

»Früher kannte ich auch niemanden, der beim Fernsehen ist.«

Rydlewski, einer seiner Versicherungskunden, von denen er auch mit 80 noch mehrere betreute, war Schauspieler und Drehbuchautor und gut im Geschäft.

»Du verkaufst deine Geschichten doch auch«, sagte meine Tochter zu mir.

Meine Frau grinste.

Den ganzen Tag lang ging mir nicht aus dem Kopf, dass der Bär trotz der zehn Jahre, die das Mädchen ihn weggesperrt hat, nicht verbittert ist, nur traurig, und am Ende keine Genugtuung empfindet, nur Freude.

Erst am Tag nach unserer Rückkehr – mein Vater war nach dem Frühstück abgereist, da er es ohne konkrete Aufgabe nie lange ohne meine Mutter aushielt und hatte angerufen, dass er gut zu Hause angekommen sei, die Wäsche war gewaschen, der letzte Koffer verstaut und die Computer gecheckt – ging meine Frau daran, die nun nutzlosen Mail-Doppels von ihrem Mobiltelefon zu löschen.

Kurz darauf kam sie aus ihrem Arbeitszimmer zu mir und sagte: »Deine Eltern haben ja merkwürdige E-Mail-Wechsel.«

Meine Mutter hatte vor ihrem 40. Lebensjahr angefangen schwerhörig zu werden. Spätestens seit ihrem 70. Geburtstag war sie de facto taub. Es war eine Form der

Taubheit, eine Atrophie des Hörnervs, gegen die Hörgeräte nur wenig oder nichts ausrichteten. Ich hatte mir angewöhnt, in ihrer Gegenwart sehr laut zu sprechen, aber sie verstand mich trotzdem nur, wenn es ansonsten keine Nebengeräusche im Raum gab.

Nach 57 Ehejahren hatten meine Eltern natürlich Formen der Kommunikation und des gegenseitigen Verstehens gefunden, bei denen es auf das genaue Hören nicht mehr so ankam, aber gegenüber anderen Menschen isolierte der Zustand sie sehr, umso mehr, als sie nie in ihrem Leben auch nur einmal gesagt hätte: »Entschuldigen Sie bitte, ich habe Sie nicht verstanden, ich bin etwas schwerhörig.« Stattdessen lächelte sie den Menschen verständnissinnig zu und antwortete gar nichts oder sagte etwas völlig Unpassendes oder behalf sich mit einer Höflichkeitsfloskel. Ich hatte in meiner Kindheit und Jugend darunter gelitten, dass die Menschen sie deswegen für arrogant oder hochnäsig hielten.

Was ich sagen will, ist, dass meine Mutter seit Langem nicht mehr telefonieren konnte, seit es aber E-Mails gab (zuvor hatten sie sich, waren sie getrennt, Faxe geschrieben, davor Briefe), tauschten die beiden Mails, um sich zu erzählen, wie der Tag gewesen war. Und während mein Vater bei uns wohnte, benutzten sie dazu den Account meiner Frau.

»Wieso merkwürdig?«, fragte ich.

»Da war die ganze Zeit die Rede von einem Captain Brooks oder so. Kennst du einen Captain Brooks? Und deine Mutter hat insistiert, dass dein Vater vor seiner Abreise ihren gesamten Mailverkehr löscht, weswegen er auf meinem Computer auch nicht mehr ist; aber alle Mails, die deine Mutter ihm geschrieben hat, sind auf meinem Handy.«

»Ihre typische Geheimnistuerei.«

»Sieh sie dir mal an. Ich hab nur kurz draufgeschaut, aber es klingt seltsam.«

Sechzig Jahre zuvor, als meine Mutter bei den Amerikanern gearbeitet hatte, kannte sie mehrere Captains, aber keiner von denen hatte Brooks geheißen. Ein Mann dieses Namens war ihnen nie begegnet, darauf konnte ich schwören, ich kannte den sehr überschaubaren Bekanntenkreis meiner Eltern durch die Zeiten. Blieb ein Versicherungskunde meines Vaters.

Neugierig geworden, ließ ich mir diese Mails meiner Mutter, die er alle säuberlich vom Computer meiner Frau gelöscht hatte, von ihrem Mobiltelefon auf meinen Mailaccount schicken und überflog sie von der neuesten bis hinunter zur ersten, am Tag unserer Abreise geschickten.

Der erste kryptische – oder zumindest merkwürdige – Satz meiner Mutter vom Tag vor unserer Rückkehr lautete: »Es ist 12 Uhr 14, gerade habe ich deine Mail gefunden, ich hatte schon ein paarmal nachgesehen. Ich wollte warten, bis etwas von unserem Freund kommt, aber bisher nichts. Bei der Gelegenheit: Lösche bitte alle unsere persönlichen Mails.«

Merkwürdig war nicht die Geheimnistuerei – meine Mutter hat selbst heute noch, tief in der Demenz versunken, die Angewohnheit, Zwei-gegen-eins-Konstellationen zu bilden: In ihrer Senioren-WG hebt sie mir gegenüber die Augen zum Himmel, um zu signalisieren, dass wir nichts mit den ›Leuten‹ zu tun haben, die sonst noch am Tisch des Gemeinschaftsraumes sitzen, sobald ich aber aufstehe und sie glaubt, ich sehe nicht mehr hin, hebt sie ihrem Nachbarn gegenüber ebenso die Augen und sagt, in ihrer Taubheit glaubend, ich könne sie nicht hören: »Das war mein Sohn, der Besserwisser.«

Als ich noch ein Kind war, war das dramatischer, denn sie verbrüderte sich immer einmal wieder mit mir gegen meinen Vater, und wenn ich ihn dann beleidigte, indem ich ihm die Schwächen vorhielt, über die sie sich mokiert oder beklagt hatte, wechselte sie sofort auf seine Seite und machte mir, zusätzlich zu den Ohrfeigen meines Vaters, auch noch Vorwürfe für meine Frechheit. Als ich mit siebzehn oder achtzehn zum ersten Mal das Wort ›double-bind‹ hörte, glaubte ich plötzlich einiges über unser Familienleben zu verstehen.

Diese harmlose Form der Abgrenzung, ihren Mailverkehr privat zu halten, war also nichts Besonderes, nein, merkwürdig war die Formulierung ›unser Freund‹. Sie konnte nur ironisch gemeint sein, denn meine Eltern hatten keine Freunde in dem Sinne, wie andere Menschen Freunde haben. Sie hatten auch niemanden in ihrem Bekanntenkreis, den meine Mutter jemals meinem Vater gegenüber einen Freund genannt hätte, ohne die Anführungszeichen gleich mitzusprechen.

Aus dem nächsten Brief ging klar hervor, dass etwas nicht stimmte. Und das Entscheidende und letztlich auch der Grund dafür, dass ich diese Geschichte aufschreibe und zum Ausgangspunkt weiterreichender Überlegungen nehme: Dass etwas nicht stimmte, war nicht nur mir nach einmaligem Lesen klar, es hätte eigentlich jedermann klar sein müssen, der bei Verstand war und nicht in einem absoluten Informations- und Kommunikationsvakuum lebte.

Die Betreffzeile über dem Brief meiner Mutter lautete: »Neue Mail von Brooks«

Im Brief selbst stand Folgendes:

»Lieber Werner,

eben habe ich die Mail gefunden. Ich versuche, sie zu übersetzen:

›Bitte wie ist die aktuelle Situation im Augenblick? Ich verliere die Geduld mit deiner gleichgültigen Haltung, die Sache zu einem Ende zu bringen. Dr. Morgan sagte mir, er könnte nichts tun, um das Geld zu beschaffen. Und die Box bleibt in UK, wenn du kein Geld schickst. Du kennst meine Situation jetzt. Wir sind einen langen Weg gegangen und haben so viel investiert. Ich sehe nicht ein, dass diese kleine Gebühr im Weg stehen soll, die Angelegenheit abzuschließen.

Bitte, du solltest dein Bestes tun und ihm das Geld schicken, sodass die Sendung sofort an dich ausgeliefert wird. (...)

Denke daran, du hast anfangs zugestimmt, diesen Deal mit mir zu machen, ich glaubte und vertraute dir, aber was ich jetzt von dir bekomme, ist nicht ermutigend. Lass mich nicht im Stich, sieh was du tun kannst, die Box vor Freitag nach Deutschland zu bringen.

Ich zähle wirklich auf dich, bin auch bereit, deinen Anteil zu erhöhen, sobald du das erledigt hast. (...)

Komm auf mich zu.

Roger‹

Sag mir, was du antworten willst (fuhr meine Mutter fort),
ich übersetze es und maile es dir.

Gruß und Kuss, Ingrid«

Wie gesagt, nach der Lektüre dieses Briefes war mir klar,
dass meine Eltern es mit einem Betrüger zu tun hatten,
einer Betrugsmasche aufsaßen, weder einer neuen noch
einer unerhörten, noch auch einer besonders cleveren.
Es war eine Spielart des Vorschussbetrugs, auf Englisch
scam, und seit Jahren unter dem Namen Nigeria-Connection bekannt. Eigentlich, hatte ich gedacht, wusste das jedermann. Meine Eltern aber offenbar nicht.

Was ging in diesem Moment der Lektüre in mir vor?

Der erste innerliche Ausruf war: Gottverdammt, wie
kann man bloß so bescheuert sein?! Und sofort schämte
ich mich wieder meiner Eltern, ihrer mangelnden gesell-
schaftlichen Geschmeidigkeit, ihrer kleinbürgerlichen Be-
schränktheit, ihrer sozialen Einsamkeit – all dessen, wofür ich mich mit sechzehn angefangen hatte zu schämen,
als wir aus Böblingen in den gutbürgerlichen Hamburger
Vorort umzogen und ich all die parkettsicheren Kinder erfolgreicher, kommunikativer Eltern kennenlernte.

Ich hatte mich ihrer 20 Jahre lang geschämt, im Grunde
bis ich selbst eine Familie gründete und gar nicht so viel
anders lebte als sie, nämlich im kleinbürgerlichen Klein-
familienglück (recht genau nach dem Muster meiner eigenen Kindheit), da begann ich mich vielmehr meiner Attitüde zu schämen, auf die mich mein bester Freund sogar

einmal ansprach, sodass ich aus allen Wolken fiel: »Es war peinlich damals, Michael, wie du deine Eltern behandelt hast. Schließlich waren es sehr sympathische Menschen, die alles für dich getan haben.«

Ich hatte jedenfalls angefangen, mich ihrer zu schämen und zugleich begonnen zu glauben, ich werde und könne alles anders und besser machen als sie: erfolgreich sein, smart sein, mich nicht für dumm verkaufen lassen, mich nicht unterbuttern lassen. Und genau dieses Gefühl: ›Das könnte mir nicht passieren‹ war jetzt wieder da.

Es war aber nicht das Einzige. Noch bevor ich anfing, mir Sorgen zu machen, kam zugleich mit der Verächtlichkeit auch die Schadenfreude. Das ist die Quittung, dachte ich. Das konnte ja nicht anders kommen, dachte ich. Recht geschieht es euch, dachte ich, und als ich das dachte, fragte ich mich, was ich eigentlich von ihnen erwartete, wenn ich ihnen das tatsächlich sagte.

Vermutlich erwartete ich, dass sie dann meine Überlegenheit anerkannten. Und diese Überlegung erkannte ich nur zu gut als die Rückseite meines lebenslangen Apportiertriebes, der am Anfang natürlich exklusiv auf meine Eltern gerichtet war: Ich liebte es, Exzellenz abzuliefern und dafür von ihnen bewundert zu werden, und als gute Herrchen (aber das war mir als Kind nicht klar) verlangten sie nichts von mir, bei dem es mit der Exzellenz schlecht ausgesehen hätte. Diese Lehre war dem Leben vorbehalten, das mir dann auch eine narzisstische Kränkung nach der anderen zufügte.

Wenn ich nicht zum Apportierhund geboren bin, dann wurde ich zu einem gemacht, und im Grunde habe ich diesen Drang nie verloren: Das meiste, was ich je getan habe, tat ich, um von einem unsichtbaren Publikum oder einem konkreten Gegenüber Lob zu bekommen: ›Feiner Hund!‹

Zugleich mit der Verächtlichkeit und der Schadenfreude, deren ich mich schämte, während ich sie empfand, war natürlich sofort auch die Sorge darüber da, wie tief sie bereits in diesem Betrugsmahlstrom versunken waren, und ein tiefes, trauriges Mitleid mit diesem isolierten, arglosen, gutgläubigen und naiven alten Paar, zugleich aber auch wiederum Ärger über ihre Motive. Wärt ihr weniger geldgierig und geldfixiert, wäre euch das nicht passiert. Andererseits hatten sie tatsächlich wenig Geld. Seit mein Vater in Rente war, stand ihnen das Wasser bis zum Hals wegen des noch immer nicht abgezahlten Hauses, an das meine Mutter sich klammerte wie an die Elendshaut der früheren Hoffnung auf gutbürgerliches Renommee.

Und weil ihre Dummheit eben nicht nur Dummheit war, sondern auch Lebenskampf, empfand ich noch etwas anderes, worüber ich mir aber erst sehr viel später klar wurde: eine tiefinnere Solidarität. Die Familiensolidarität der aufstiegsfixierten, haltlosen Kleinbürger, deren einziges Ziel, deren wichtigster Wert, deren Leitbild und Götze in dieser Gesellschaft das Geld ist, Gott Mammon. Wozu? Was damit tun? Zu welchem Ende? Ganz gleich.

Wie gesagt, mein Vater hatte viele geflügelte Worte parat, die er über die Jahrzehnte hin immer wieder verlässlich in gewissen Momenten zitierte. So wie den Spruch vom Schlossergesellen vor dem Essen, brachte er, wann immer es um Geld ging, den Anfang von Goethes *Schatz-*

gräber an, den er bezeichnenderweise an zwei Stellen falsch zitierte:

»Arm am Beutel, krank am Magen, schleppt' ich meine alten Tage, Armut ist die größte Plage, Reichtum ist das höchste Gut.«

Mein Vater, denke ich mir, ersetzte das Herz durch den Magen, weil er, als er das Gedicht kennenlernte, keine Liebessehnsucht litt, sondern Hunger. Und die langen Tage wurden vielleicht deswegen zu alten, weil er als jemand, der immer gerne arbeitete, keine Langweile empfand, dafür sehr wohl das Gefühl, über das Warten auf den Schatz alt geworden zu sein.

Ich höre noch den Klang seiner Worte, wenn er wie einen Stoßseufzer die Erkenntnis aussprach: Reichtum ist das höchste Gut! Es waren immer mindestens zwei Ausrufezeichen dabei.

Interessanterweise wurde das Gedicht nie bis zu seinem wie ich bis heute finde etwas heuchlerischen, pietistischen und biederen Schluss zitiert, der eigentlich eher zu Schiller gepasst hätte als zum Freigeist Goethe. Womöglich hatte mein Vater ab und zu auch die ›sauren Wochen‹ auf der Zunge, aber die ›frohen Feste‹ und ›abends Gäste‹ waren bei uns Mangelware gewesen.

Ich weiß nicht, ob mein Vater je so weit gegangen wäre, sich für einen Schatz mit dem Widersacher zu verbünden, hätte die Gelegenheit sich geboten – wobei – konstatierte ich mit schiefem Grinsen im Weiterlesen, im kleinen Maßstab hatte er ja genau das jetzt getan.

»Lieber Werner,

die Sonne scheint, in London ist es neblig und trüb, sicher wird der ›hochgeschätzte Diplomat‹ Morgan in die Westminster Abbey eingeladen sein zur Hochzeit. (…)

Mir fällt bei den Briefen von Morgan immer wieder auf, dass er Fehler macht und die Sprache primitiv ist. Ein hochgeachteter Diplomat? Na, ich weiß nicht … (…)

Hast du etwas von der englischen Hochzeit gesehen? Ich fand den Vater der Braut am sympathischsten, als er seine Tochter zum Altar führte, der Gesichtsausdruck: eine Mischung aus Stolz und Verlegenheit. Er hielt sich ausgezeichnet. (…)

Lieber Werner,

hier mein zweiter Versuch für den Brief an Brooks:

I have no indifferent attitude. Is it so difficult to understand that I have used all my possibilities? I will not get money from the bank or from relatives whom I owe 7500. I don't have the money!

(Ich schlug die Hände überm Kopf zusammen. Das war die erste konkret genannte Summe. Und es war für meine Eltern, die seit Jahren nicht mehr in Urlaub fahren konnten, ein Riesenbatzen Geld. Der flehende Ton gegenüber jemandem, der in Wirklichkeit gar nicht existierte, zerriss mir das Herz. Ich musste die beiden einzigen *relatives* sofort anrufen. Hatte mein Vater sich das Geld von seinem Bruder gepumpt oder von der kleinen Schwester, was reichlich ironisch gewesen wäre, weil Elfriede immer das ärmliche Sorgenkind der Familie gewesen war, auf das die beiden erfolgreicheren Brüder naserümpfend und verächtlich herabsahen?)

The ›little sum‹ of 3200 was due after a delay for which
Dr. Morgan was responsible. How much has accumulated in
the meantime? Dr. Morgan should get a written insurance
that after that payment the consignment will be handed to
him without further delay and costs. You and Dr. Morgan
know that there is money in the box – I don't! It should not
be a problem to raise the necessary sum from friends if they
know they get a good interest (I am a pensioner and I don't
have the income which a ›highly esteemed diplomat‹ should
have).
Den letzten Satz kannst du weglassen. Alles andere ist so
wie du willst.
Gute Nacht, Ingrid«.

Darunter stand ein Originalbrief von Brooks:

Hello Werner,
Please what is really going on? Have you sent the money to
Dr. Morgan? According to him you are responsible for his
inability to deliver you the consignment. I am losing patience
with this whole situation. I must tell you that I am totally
unhappy, this is so unbearable.
I want to hear from you as soon as possible. You seem to
have forgotten what is involved here. Please that money is
my life so you dare not joke about it. Very soon I'll be leaving
here for Europe without getting my dream realized. Please
be reasonable and bring this matter to this long awaited
successful end.
Regards,
Roger.

Fällen, in denen er unendlich mehr tat, als man vom Generalagenten seiner Versicherung erwarten konnte.

Es gab aber eben auch zwei Kunden, zu denen er, wie er glaubte, beinahe ein Freundschaftsverhältnis unterhielt, und die ihn wegen ihres Glamourfaktors faszinierten. Da war zum einen der schon erwähnte Drehbuchautor Rydlewski, der ihn einmal zu seiner Geburtstagsparty auf der Terrasse von *Paolino* an der Alster eingeladen hatte. Es war das erste Mal, dass mein Vater, der schon 20 Jahre in Hamburg lebte, von *Paolino* hörte, und er schwärmte noch Jahre danach von dem Abend und den illustren Gästen aus Film und Fernsehen. Rydlewski gab auch, was mein Vater als kleine Hommage interpretierte, einer Nebenfigur in einer erfolgreichen Komödie mit Götz George unseren Familiennamen. Mir war das peinlich, und ich sagte es meinem Vater auch, um ihm den Spaß zu verderben, während er mir den Drehbuchautor als Beispiel dafür unter die Nase rieb, dass man mit dem Schreiben auch Geld verdienen konnte. Mein Vater erlebte die wechselnden, jedes Mal ein Stück jüngeren Freundinnen und Frauen des Menschen mit und übernahm im Laufe der Zeit für den chaotischen Künstler auch eine Art nebenamtlicher Buchhaltertätigkeit, für die er einen, wie ich es empfand, Knechtslohn erhielt.

Mein Vater hatte das Gefühl, dass etwas von der Sonne, die diese Existenzen abbekamen, auch auf ihn fiel, ich fand, er erniedrigte sich und spottete, wenn ich damals einmal zu Besuch bei ihnen in Deutschland war, mit meiner Mutter, mit der so etwas immer sehr gut ging, über seinen Mangel an Würde.

Aber wenn ich jetzt Angst hatte, dachte ich nicht an den Drehbuchautor, sondern an Frau Burkhard.

Frau Burkhard war im Laufe der Jahre zu einer Art Running Gag in der Familie geworden. Ist es zu viel gesagt, dass mein Vater von ihr schwärmte? Sie und ihr Lebensgefährte, Herr Dolder, waren anfangs ganz normale Versicherungskunden gewesen, wobei ganz normal nicht stimmt. Herr Dolder versicherte eine ganze Sammlung Lamborghinis bei meinem Vater, und prompt gab es dann einen ungeklärten Brand in der Garage oder besser der Halle, wo sie aufbewahrt wurden, worüber die Versicherung nicht glücklich war. Frau Burkhard unterhielt angeblich eine Werbeagentur in Berlin, und jedes Mal, wenn mein Vater bei uns einhütete, verabredete er sich mit ihr. Unglücklicherweise sagte sie vier von fünf Malen extrem kurzfristig ab oder war nicht zu Hause, wenn mein Vater vorsprach, der das (im Gegensatz zu mir und meiner Mutter) unverdrossen hinnahm und abwinkte, wenn wir ihm vorhielten, die Dame spiele mit seiner Schwäche für ihren Charme.

»Sie ist eben eine vielbeschäftigte Geschäftsfrau«, sagte er bewundernd. Sie war halb so alt wie mein Vater, blond und schlank nach den Fotos, die man von ihr im Netz sehen konnte, und offenbar Teil eines der Berliner Soziotope, die sich für die Besseren halten.

Schon als er vor unserer Irlandreise bei uns eintraf, fragten wir ihn ironisch: »Na, bist du auch wieder mit deiner Frau Burkhard verabredet?« (›Deine Frau Burkhard‹ oder ›Deine Freundin Frau Burkhard‹ nannte meine Mutter sie.)

»Ja, ich wollte sie nächste Woche mal treffen, wir haben einiges zu besprechen«, antwortete er, ohne sich provozieren zu lassen oder die Ironie zu bemerken.

Ich hatte die beiden, sie und den Lamborghini-Mann, einmal kennengelernt, bei einem Italiener am Adenauerplatz, wohin sie meinen Vater eingeladen hatten, für den ich mich wieder einmal schämte, weil er versuchte, mich mit ihrem angeblichen Geld und sie mit meinem vermeintlichen Renommee zu beeindrucken, was beiderseits wenig fruchtete. Als ich ihm hinterher erklärte, die Frau wirke auf mich wie eine frühere Bordsteinschwalbe, die sich beruflich neu erfunden hatte und ihr Partner wie ein typischer Hamburger Lude, reagierte mein Vater wie immer in solchen Fällen mit naiver Empörung, vollständiger Gutgläubigkeit und aus tiefem Anstand geborener Vorurteilslosigkeit.

Jetzt aber fielen mir wie ich glaubte die Schuppen von den Augen: Was, wenn mein Vater Frau Burkhard und Herrn Dolder um Geld angehauen hatte, um an die Millionen von Captain Brooks zu kommen? Was, wenn sie zugesagt, aber Sicherheiten verlangt hatten? Was, wenn er ihnen sein Haus überschrieben hatte? Was, wenn er nicht nur in der Hand der Nigeria-Connection steckte, sondern auch zum Schuldner dieses halbseidenen Pärchens geworden war? Was, wenn er mir das bei unserem bevorstehenden Gespräch verschweigen würde? Ich konnte mit meinem Onkel und meiner Tante über eventuelle Geldanfragen meines Vaters reden, aber ich wäre eher vor Scham in der Erde versunken, als Frau Burkhard darauf anzusprechen.

Wie immer überschätzte ich den Wahn meines Vaters

und unterschätzte seinen Anstand. Vielleicht weil Wahn mich fasziniert und Anstand mich langweilt.

Schließlich überwand ich mich und rief ihn an. Und obwohl ich es mit den besten Vorsätzen tat, ihm zu helfen, ihn aufzuklären, ihn zu schonen, hörte ich schon meinem ersten Satz wieder den Ton unseres lebenslangen Ranggebeißes an. Jeder versuchte den anderen nicht zu überzeugen, sondern ihn mit der Nase in den eigenen Unrat zu tunken. Und wenn man, dachte ich, bei einem Vater verstehen kann, dass er den Sohn lebenslang zu erziehen trachtet, ist ein Sohn, der seinen Vater zu erziehen versucht, immer eine fragwürdige Gestalt.

»Hallo Papa, wie gehts?«

»Gut ... danke«, sagte er vage.

Ich hörte an seinem Ton, dass er vor dem Fernseher saß, den Blick nicht abwenden konnte und daher nur mit einem halben Ohr zuhörte.

»Hör mal auf fernzusehen. Ich muss dir was Wichtiges sagen.«

»Ja, warte mal. Es ist gerade spannend ...«

»Was guckst du denn? Wieder so einen schwachsinnigen Tatort?«

»Nein, wie heißt das? Polizeiruf 110 ...«

»Papa, ich habe Mamas Mails an dich gelesen, während du hier warst.«

»Was?«

»Ja. Euren Mailaustausch. Captain Brooks! Die Box! Dr. Morgan! Papa, es gibt keine Box!«

»Die Mails habe ich doch gelöscht! Wie kannst du die gelesen haben?«

»Ist doch auch egal. Jedenfalls will ich wissen, was es damit auf sich hat.«

»Gar nichts. Das ist privat, Sohnemann. Darum musst du dich nicht kümmern.«

Der Ton brachte mich auf.

»Und ob ich mich darum kümmern muss! Du bist dabei, dich von Betrügern über den Tisch ziehen zu lassen!«

»Wie kommst du denn auf so einen Unfug? Warte mal ...«

»Papa. Mach den Fernseher aus, wenn ich mit dir rede.«

»Also mein lieber Sohn. Ich habe keine Lust, mich aufzuregen deinetwegen. Wir sehen uns hier in aller Ruhe einen Film an, und du ... Nein, es ist dein Sohn!«

»Herrgott, du hast denen schon Tausende in den Rachen geworfen.«

»Jetzt mach dir mal keine Sorgen. Ich hab das alles im Griff, und wenn du reden willst, dann reden wir morgen mal.«

»Papa, es gibt keinen Captain Brooks!«

»Natürlich gibt es ihn. Ich hab ja selbst mit ihm telefoniert. Und jetzt ist gut!«

»Ich ruf dich nach dem Polizeiruf noch malan. Wann ist der zu Ende? Viertel vor zehn?«

»Ja, wenn du uns unbedingt aufregen willst, aber ich geb dir mal einen guten Rat ...«

Ich legte verzweifelt auf und rief meine Frau um Hilfe.

»Du, es interessiert ihn gar nicht! Er hockt da vor dem Fernseher und hört überhaupt nicht zu.«

»Während er fernsieht, kann er keine Dummheiten machen. Nutz die Zeit, bis du ihn zurückrufst und schicke ihm Informationen aus dem Netz. Und bewahre Ruhe!«

Also suchte ich aus dem Internet zusammen, was ich auf Deutsch über die Nigeria-Connection und Scam-Betrug finden konnte, samt Anschreiben, die genauso klangen wie die von Brooks und Morgan, sendete sie meinem Vater und wartete nägelkauend auf das Ende des Polizeirufs.

»Ich bins nochmal.«

»Michael, ich hab mit deiner Mutter gesprochen. Es ist kein Problem, die Sache ist ohnehin in ein paar Tagen zu Ende.«

»Ist sie nicht, Papa. Du kriegst keine Box! Das ist doch das Prinzip! Sie verlangen immer weiter Geld unter irgendwelchen Vorwänden, und du kriegst nie etwas, weil es da nichts gibt.«

»Mach dir mal keine Sorgen.«

»Doch, das muss ich. Du hast schon 8000 Euro von Elfriede geborgt und womöglich noch mehr von andern Leuten. Papa, du verlierst deine letzten Kröten und womöglich auch das Haus. Sag mir nur eines: Hast du Frau Burkhard um Geld angehauen?«

»Frau Burkhard?«, fragte er völlig verblüfft. »Wie kommst du denn darauf?«

»Sag mir nur, dass du ihr nicht irgendetwas versprochen oder verpfändet hast und nicht irgendwelche schriftlichen Abmachungen mit ihr getroffen.«

»Hast du völlig den Verstand verloren?«

»Du hast dir immerhin Geld bei deiner Schwester geborgt.«

»Und das wird auch zurückgezahlt, sobald das Konseinment da ist.«

»Papa, es gibt kein Consignment.«

»Sohnemann, jetzt sei mal friedlich. Glaub mir, ich habe die Sache im Griff. Es gibt Bestätigungen, Konten, ganz offizielle Abwicklungen. Ich muss jetzt noch eine letzte Zollüberweisung machen, und dann ist der Spuk vorbei, und wenn du brav bist, geb ich dir auch was ab.«

»Papa, das ist sehr lieb von dir«, sagte ich, in nervöses Lachen ausbrechend. »Aber es wird nichts zum Abgeben da sein. Das Ganze ist Betrug, es gibt keinen Morgan, es gibt keinen Brooks, es gibt keine Box. Nur dein Geld, das du Betrügern in den Rachen wirfst. Lies dir bitte durch, was ich dir eben als E-Mail geschickt habe, ich rufe morgen nochmal an. Wenn nötig komme ich auch rüber, aber zahl auf keinen Fall mehr auch nur einen Pfennig.«

»Nun reg dich mal nicht so auf ...«

»Doch rege ich mich auf. Weil du mindestens schon 8000 Euro verloren hast, aber wahrscheinlich mehr. Du hast doch kein Geld. Aber schwör mir, dass du nicht irgendwas an deine Burkhard verpfändet hast.«

»Ich hab gar nichts verpfändet. Und jetzt hör mal auf mit Frau Burkhard. Ich lass mir das durch den Kopf gehen, aber jetzt machen wir Schluss. Deine Mutter regt sich schon fürchterlich auf.«

»Sag ihm, dass er aufhören soll!«, hörte ich meine Mutter im Hintergrund hysterisch kreischen. »Ich werd noch wahnsinnig in diesem Haus!«

Ich hatte den Lautsprecher eingeschaltet, und meine

Frau hatte alles mitangehört. Ich legte erschöpft auf und sah sie an.

»Hat ers kapiert?«

Sie zuckte die Achseln. »Hoffentlich. Wirklich überzeugt klang er nicht.«

»Soll ich ihm nochmal schreiben?«

»Nee, lass mal gut sein für heute. Vielleicht meldet er sich morgen ja von sich aus ...«

Aber ich war zu erregt und angespannt und zu unzufrieden mit meiner Performance am Telefon, sodass ich doch noch zwei weitere Mails schrieb, die zweite an meine Mutter.

Am nächsten Morgen bekam ich folgende Nachricht von ihr:

»Lieber Michael, (...)
also der Reihe nach. Burkhard hat nicht das Geringste damit zu tun. Wir haben mit niemandem über die Sache gesprochen, auch nicht mit Elfriede. Papas Verbindung mit Burkhard beschränkt sich auf Versicherungsfragen. (...)
Ich verbürge mich dafür, dass kein Geld fließen wird und die Sache nach Ablauf dieser Woche juristisch/polizeilich aufbereitet wird. Wir haben eine Reihe Schriftstücke auch von der Customs and Clearance Agency, die Papa auch angesprochen hat. Diese sagt, das ›Consignment‹ wird nur an den Agenten ausgeliefert, nach Vorlage bestimmter Zollpapiere. Dieser Agent ist Morgan, wir haben eine Fotokopie seines Passes, seine Telefonnummer, seine Adresse, die Adresse seines Anwalts und diverse andere. Das muss ja nachprüfbar sein. Ich war zwar von Anfang

an sehr skeptisch, habe aber die Mails übersetzt, bis die Angelegenheit ein Eigenleben angenommen hat. Mach dir bitte keine Sorgen, kümmere dich nicht darum, ich möchte nicht, dass du irgendwie reingezogen wirst. Wir werden auch künftig nicht auf deine Hilfe angewiesen sein. Ich werde auf Papa einwirken, dass alles sinnvoll erledigt wird. Er ist selbst entschlossen, einen Schlussstrich zu ziehen. Rufe bitte Papa nicht mehr wegen dieser Sache an, er hatte gestern einen Herzkasper, wahrscheinlich auch wegen mir, weil ich versuche, ihm Dinge klarzumachen, die er meint besser zu wissen. Ich habe deinen letzten Brief Papa vorenthalten, mit ihm ist in letzter Zeit nicht auszukommen (...)«

Ich zeigte den Brief meiner Frau, stieg ins Auto und fuhr nach Hamburg.

Es ist alles irgendwie wie früher, dachte ich unterwegs. Meine Mutter kreischt, dass ich durch mein Verhalten meinen Vater aufrege, der verzieht sich ins Schlafzimmer und wirft seine Bellergal ein, und ich stehe da mit dem Schwarzen Peter. Aber heute sitze ich am längeren Hebel.

Und als ich das dachte, schreckte ich auf: Worum ging es mir denn? Um Rache, ums Rechtbehalten, oder darum, meinen Eltern zu helfen? Und so ganz uneigennützig war auch das nicht, denn wenn sie tatsächlich viel mehr Geld als geahnt in die Sache gesteckt hatten und in Schwierigkeiten kamen und womöglich sogar das Haus verloren, das abzüglich der unbezahlten Hypotheken ihr einziges Kapital darstellte: Ich haftete.

Es kam dann tatsächlich genauso wie bei unseren

Streits in meiner Kindheit: Wir wurden laut, wir schrien uns an, wir beleidigten uns, meine Mutter kreischte, jammerte, machte abwechselnd ihrem Mann und mir Vorwürfe, stieß leere Drohungen aus und zog sich irgendwann erschöpft und verletzt, weinend und beleidigt zurück, während bei uns Frieden einkehrte und ich zwar nicht, wie an jenen fernen Abenden in sein Bett kroch und in seinem guten Geruch in einen wunderbar ruhigen Kindheitsschlaf fiel, aber doch gemütlich neben ihm auf dem Sofa vor dem Fernseher saß, entspannte und mich beim Wein mit ihm wohlfühlte.

Ich habe nie nach der genauen psychologischen Definition von Hassliebe gesucht, aber irgendetwas, das in diesen Rahmen gehört, würde unser Verhältnis wohl recht gut erklären.

Am Ende des Tages hatte ich die Schreiben und Dokumente gesehen, die mein Vater bekommen hatte und die recht gut gefälscht waren, nur an den Mailadressen sah man auf den ersten Blick, dass etwas nicht stimmte. Er sah es langsam und unwillig ein und wurde dabei immer einsilbiger, und am Ende sagte er: »Und jetzt reden wir nicht mehr darüber.« Er sagte das in einem Ton und mit einem Gesichtsausdruck, dass sogar ich ein Einsehen hatte, und dabei blieb es.

Von sich aus kamen meine Eltern nie wieder auf die Sache zurück, und wenn ich später, stichelnderweise oder sonstwie, das Thema ansprach, wiegelten sie ab und wollten kein Wort davon hören. Sie bemühten sich ganz offenbar, auch wenn das ein unsinniges Unterfangen war, die Episode wirklich zu vergessen.

Ein wenig später erzählte ich meinem Studienfreund Volker, der in Hamburg als Rechtsanwalt arbeitete und auch meinen Vater kannte, weil er ihn einmal (allerdings erfolglos) in einem Rechtsstreit vertreten hatte, am Telefon von der Captain-Brooks- und Dr.-Morgan-Geschichte und dass mein Vater, nachdem die Sache beendet war, kein einziges Wort mehr darüber verlieren wollte.

»Ja«, sagte Volker, »ich kenne das. Man nennt es das ›Hans-im-Glück-Syndrom‹. Es kommt bei Spielern, Spekulanten, Traumatisierten und Betrugsopfern vor, die erst aufhören können, wenn der ganze Einsatz verspielt oder verloren ist. Dann entsteht ein kurzfristiges Hochgefühl der Befreiung und Erleichterung, dass es vorbei ist. Danach aber, also dort, wo das Märchen aufhört, folgt die Erkenntnis darüber, was verloren und verspielt ist, und die muss um jeden Preis verdrängt werden, denn sonst wäre Hans im Glück der unglücklichste Mensch auf Erden.«

Zum Jahreswechsel 2012 hatten meine Eltern tatsächlich ihr Haus verkauft und bezogen eine schöne Vierzimmerwohnung in Berlin ganz in unserer Nähe, die mich an die Wohnungen erinnerte, in denen ich aufgewachsen war, umso mehr, als sie immer noch mit denselben Möbeln, Teppichen, Dekorationsgegenständen eingerichtet war. Zum ersten Mal seit fast fünfzehn Jahren hatten sie finanziell wieder ein wenig Luft zum Atmen und konnten sich auch einen Urlaub im Schwarzwald erlauben.

Irgendwann im Gespräch mit meinem Vater kamen wir – das Brooks-Morgan-Thema so weit wie möglich umschiffend – auf die Gründe für seine finanziellen Probleme seit seiner Rente. Ich wusste, er hatte einen Großteil der zu seinem 65. Geburtstag ausgezahlten Lebensversicherung in Zertifikate oder offene Immobilienfonds gesteckt und rund 100.000 Mark verloren, als die Kleinanleger nicht ausbezahlt wurden. Es war das typische Pech meines Vaters in Gelddingen gewesen. Aber an diesem Tag sagte er einen Satz, an den ich mich erst sehr viel später, erst nach seinem Tod, wieder erinnerte und dessen Bedeutung mir erst da aufging.

»Wer konnte das denn ahnen?«, meinte er. »Es war ein Fonds der Warburgbank. Ich bin extra zu denen, denn da gehe ich doch davon aus, dass die mit Geld umgehen können.«

Damals antwortete ich: »Die Banken können auch mit Geld umgehen. Deswegen vermehren sie ja ihres, und die kleinen Leute wie wir schauen in die Röhre.«

Ich verstand in jenem Moment nicht, wen er mit ›die‹ gemeint hatte.

Es war das erste Mal, dass ich meinen Vater und mich gemeinsam unter dem Begriff ›Kleine Leute‹ fasste, es sollte tröstlich und solidarisch klingen, aber die Wahrheit dahinter war, dass ich ein ebensolcher bindungsloser freier Radikaler wie mein Vater geworden war und mittlerweile selbst erlebt hatte, dass Menschen wie uns das jeweilige Serail verschlossen bleibt, weil wir nie gelernt haben oder lernen wollten, wie man hineinkommt, uns aber für zu gut hielten, uns mit den anderen Draußengebliebenen zu solidarisieren. Aber der Begriff ›Solidarität‹ gehörte einer Welt an, der wir uns beide nie zugehörig gefühlt hatten und den ich zu Hause nie mit Leben erfüllt gesehen hatte.

Gewissermaßen blieb meinem Vater das Pech treu. Er, der wegen jeder Kleinigkeit zum Arzt lief und sich permanent untersuchen und durchchecken ließ, vergaß oder verpasste wohl nach dem Umzug einen einzigen seiner routinemäßigen, in drei oder sechs Monaten Abstand erfolgenden Besuche beim Urologen. In der Interimszeit bildete sich ein hochaggressiver Prostatatumor, der bei der nächsten Untersuchung bereits metastasiert hatte und unheilbar war. Es blieben ihm zwischen der Diagnose und dem Tod noch zehn Monate. Im Oktober 2014 starb er.

2. Kapitel

Ein Laokoon des Geldes

Einige Tage nach dem Tod meines Vaters saß ich in seinem Arbeitszimmer, um seine Papiere zu sichten. Es war dasselbe Arbeitszimmer, das sogenannte ›Kirschbaumzimmer‹, das ich mein ganzes Leben gekannt hatte und in dem mein Vater so gut wie nie arbeitete.

In meiner Kindheit mochte ich das helle, leicht rötliche Holz und die Fünfziger-Jahre-Klassizismus-Imitation des Stils nicht, heute habe ich zwei der dazugehörigen Möbel in meinem eigenen Arbeitszimmer stehen. Eigentlich war es ein Gästezimmer. Es bestand aus einem 80 cm breiten Einzelbett, einem kleinen Kleiderschrank, einem Eckschrank mit Vitrine, einer Kommode mit vier Schubladen, einem Schreibtisch mit Stuhl, und war der Grund dafür, warum wir immer eine Vierzimmerwohnung brauchten, anders als die anderen Familien mit einem Kind, die sich mit Dreizimmerwohnungen begnügten. Außer vielleicht einem halben Dutzend Besuchen meiner Großmutter schlief dort nie ein Gast, und solange ich bei meinen Eltern lebte, diente das Zimmer, außer in der kurzen Böblinger Periode, als sich ein Leihklavier darin befand, an dem ich nie übte, als Abstellraum für Akten. Notizzettel und Leitz-Ordner stapelten sich auf allen Oberflächen, ich erinnere mich an den Papiergeruch, sobald man die Tür dieses Zimmers öffnete.

Papiergeruch und Papierstapel waren immer noch da. Sie waren die vier Jahre in Friedrichshafen dagewesen, die fast zwei Jahre in Bitz, die sieben Jahre in Böblingen, die 35 Jahre in Großhansdorf und jetzt die letzten knapp drei Jahre in Berlin.

Ich saß also in diesem Kirschbaumzimmer und fühlte mich wie sediert oder örtlich betäubt. Es war das Reich meines Vaters, und er war unwiderruflich fort. Ich versuchte mir die ganze Zeit klarzumachen, was das bedeutete und konnte es nicht. Es war noch nicht einmal Trauer, es war eine lähmende Leere, vielleicht so etwas wie das Nichts in Michael Endes *Unendlicher Geschichte*, das sich langsam ausdehnt.

Geld war eigentlich immer ein Thema gewesen zu Hause, und schon als kleines Kind redeten meine Eltern in meiner Gegenwart offen darüber, ohne mich wegzuschicken, sodass ich vieles wusste, wenn auch nicht verstand. Als zum Beispiel in Friedrichshafen, ich war vielleicht fünf oder sechs, ein Spielkamerad mich einmal fragte: »Wieviel hat denn dein Vater in der Lohntüte?«, entgegnete ich empört: »Mein Vater bekommt keine Lohntüte, sondern ein Gehalt, und zwar 2300 Mark brutto!« Ich wusste nicht, was brutto bedeutet, aber ich kannte die Höhe des Gehalts, und ich wusste, dass Lohntüten, die ich nie gesehen hatte, etwas Verachtenswertes waren, etwas für Arbeiter. Ich stellte mir die Lohntüte glaube ich so vor wie die konusförmigen Papiertütchen, in denen man im Kramladen Brausepulver oder Bonbons abgefüllt bekam.

Mein ganzer Stolz damals waren meine Modellautos, mit denen ich stundenlang alleine spielen konnte. Sie waren alle in tadellosem Zustand, da ich kein anderes Kind an sie heranließ. Aber mit meinem Vater spielte ich sonntags, wenn er zu Hause war, manchmal ein Spiel, das sich »Autoverkauf« nannte. Im Prinzip war es ein narzisstisch-fetischistisches Zurschaustellen dieser glänzenden Corgi- und Polytoys-Fahrzeuge, das der Verkäufer (ich) für die Käufer (mein Vater) inszenierte. Ich führte die Autos liebevoll vor, fuhr sie zur Probe und verkaufte sie. Und da schärfte mir mein Vater ein: Bei Käufern, die nicht bar bezahlen, vergewissere dich, »dass der Scheck gedeckt ist«. Ich verstand zwar nicht, was das genau bedeutete, aber ich rief in meiner Eigenschaft als Autoverkäufer immer bei den Banken an und fragte, ob denn der Scheck des Herrn X auch gedeckt sei.

Einmal, es war noch in Friedrichshafen, ging ich mit meinem Vater eines Samstagsmorgens ein neues Auto kaufen. Wir waren in festlicher Stimmung, wie Katholiken bei einem Hochfest. Es war ein metallicgrüner Ford 17m TS mit Weißwandreifen, die legendäre ›Badewanne‹ (die zweite meines Vaters, die erste war noch ein hellblauer 17m gewesen), und mein Vater zahlte nicht mit einem Scheck, sondern blätterte dem Verkäufer stolz acht Tausendmarkscheine in die Hand. Es war, glaube ich, das einzige Mal, dass ich die erotische Verführung, die von großen Geldscheinen auf so viele Menschen ausgeht, nachempfinden konnte. Vielleicht war dieser Morgen, aus

55 Jahren Entfernung betrachtet, der Höhepunkt in der Aufsteigergeschichte meines Vaters.

Aber ich schweife ab. Ich schweife genauso ab, wie ich abschweifte, als ich eine Woche nach dem Tod meines Vaters im Kirschbaumzimmer saß und Ordnung in seine Papiere bringen wollte.

Der Schreibtisch lag voller kleiner gestapelter Zettel, auf denen er von Hand mit dem Bleistift tägliche Aufgaben notiert und, sofern erledigt, wieder durchgestrichen hatte. Anrufe, zu erledigende Arbeiten und Einkäufe, Korrespondenzen mit Ämtern und Ärzten, selbst gekritzelte Blutdrucktabellen, Namen mit Telefonnummern. Es waren über 100. In der Schreibtischschublade befand sich ein alter Bakelitlocher, den ich noch aus meiner Kindheit kannte, ein beiger Karton für Schreibaccessoires, ebenfalls aus den Sechzigern, voller Büroklammern und Bleistifte, mehrere leere Kontoauszugshefter, teilweise jahrealte Behördenbriefe, Laborausdrucke mit Blutwerten, eine Geschenkpackung 4711 Sir in rotem Kunstleder, darin noch so, wie ich es ihm 1970 oder 71 zu Weihnachten geschenkt hatte, das Rasierwasser, das er nie angerührt hatte, da er, solange ich lebte, immer nur Old Spice benutzte. Wo immer ich diesen Duft den Rest meines Lebens riechen werde, wird, wie die Stadt Combray aus der Teetasse, mein Vater gleich einem Flaschengeist vor mir erstehen.

Außerdem lag dort eine geschnitzte Figur in dunklem, weichem Holz, die einen stilisierten Hasen in gestrecktem Galopp mit angelegten Ohren darstellte, und die mein Vater, wie er mir schon in meiner Kindheit erzählt hatte, beim letzten Besuch seines Vaters als Geschenk von ihm erhalten hatte.

Dann öffnete ich die oberste Schublade der Kommode, und mir quollen Hunderte und Aberhunderte Systemlottoscheine, Quittungen und Abrechnungen von Faber entgegen, samt Dutzenden von Werbebriefen dieses Unternehmens, teils aufgerissen, teils noch ungeöffnet. In einer Geschenkschatulle befanden sich Sammlergoldmünzen, irgendwann einmal als Investments angepriesen.

Der Rest des Zimmers war voller Ordner, Steuerordner der letzten Jahre (im Keller fand ich später alle seine Steuerordner seit 1952), Ordner mit Kontoauszügen und anderen Bankgeschäften, ein Ordner mit Firmenkorrespondenz, die fast ausschließlich aus Reklamationen meines Vaters bestand. Irgendetwas war nicht so geliefert oder abgerechnet worden wie vorgesehen oder funktionierte nicht, und er listete die Vertragsnummern und Summen auf und schrieb immer wieder Mails an die Noreply@-Adressen und bekam Musterschreiben zurück, die ihm nahelegten, sich doch auf der FAQ-Seite des Unternehmens zu informieren. Der Zorn stieg in mir hoch über die Abschottungsstrategien all dieser Firmen in Zeiten des Internets, alle zynisch getarnt als Kommunikationserleichterungen.

»Straßenreinigung/Winterdienst« (schrieb er per Hand ins Unreine, um einen Reklamationsbrief an den Vermieter vorzubereiten).

»Für 2011 wurden 1100,02 Euro,

für 2012 wurden 6899,30 Euro berechnet.

Begründen Sie die Differenz von über 5000 Euro für die beiden Jahre.«

Allein die nie weggeworfenen Entwürfe füllten Dutzende von Seiten. Permanente Furcht offenbar, abgezockt zu werden. Und natürlich wurde er auch abgezockt. Und diese misstrauische Pingeligkeit wird den Menschen, die so etwas zu bearbeiten hatten, auch unendlich auf die Nerven gefallen sein. Obwohl er natürlich bestimmt oft genug recht hatte und eben so sozialisiert war, auch die Kleinbeträge nicht geringzuschätzen, um die es dabei ging und die ihm vielleicht ab und an zurückerstattet wurden, wenn er lange genug hartnäckig blieb, notierte, konzipierte und verfasste.

Aber mein Gott, wieviel Zeit seines Lebens er mit diesen Dingen vertan hatte!

Außerdem gab es mindestens zehn Versicherungsordner und eine eigene Abteilung mit einem Dutzend Ordnern für die Geschäfte des Herrn Rydlewski.

Es war ein Albtraum für jemanden wie mich, der beim Gedanken, seine Zeit mit Ablage verbringen zu müssen, Ausschlag bekommt. Aber zugleich war es ein viel schlimmeres Chaos und Durcheinander, als ich es jemals in meinen eigenen Papieren zugelassen hatte, und das war schockierend, weil ich meinen Vater immer als Meister und Muster sauberster Buchführung gesehen hatte.

Ich wusste beim besten Willen nicht, wo anfangen, da erinnerte ich mich an die Morgan-Brooks-Geschichte und begann meine detektivische Suche in alten Bankordnern. Mein Vater hatte 2011 mehrere Bankkonten gehabt, und nachdem ich auf den Auszügen jeden größeren, nicht direkt zuzuordnenden Ausgang kontrolliert hatte, kam ich auf insgesamt 15.000 Euro.

Ich war wieder ebenso vor den Kopf geschlagen und wütend wie dreieinhalb Jahre zuvor.

In den letzten zwei Monaten vor seinem Tod, wenn ich mit meinem sehr mager gewordenen Vater vertraut zusammensaß, Konversation trieb und beständig grübelte, ob es noch irgendetwas Ungesagtes zwischen uns gäbe, was nun ausgeräumt werden müsse, wobei mir nichts einfiel – wir liebten uns mit einer leicht gleichgültigen Zuneigung, die viel von erschöpfter Duldung hatte, und alles andere war irgendwie verjährt –, da sagte er eines Tages beiläufig:

»Du wirst dich dann ein bisschen um deine Mutter kümmern müssen. Sie ist nicht mehr so ... sie kann nicht mehr so ...«

»Was meinst du?«, fragte ich, aus allen Wolken fallend.

»Naja, ihr Gedächtnis lässt halt nach, und sie kann nicht mehr alles so gut alleine machen. Sie ist nicht mehr so fit im Kopf wie sie war ...«

»Willst du sagen, dass sie dement wird?«

»Nein, um Himmels willen, und was soll das auch heißen ...?«

Mein Vater, für den niemand fett war, sondern nur moppelig, und niemand dement, sondern nicht mehr so fit im Kopf ...

Und er hatte es verschwiegen bis kurz vor Ende der Zielgeraden.

Und da hatten wir viele Dinge plötzlich in ganz neuem Licht gesehen: Wenn meine Eltern uns nach ihrem Umzug nach Berlin zum Essen einluden und mein Vater in der Küche beständig hinter dem Rücken meiner Mutter war, hatten wir ihn ausgeschimpft: »Nun lass doch mal die Oma in Ruhe kochen, die wird ja wahnsinnig, wenn du ihr die ganze Zeit in den Nacken atmest.« Oder: »Jetzt hör doch auf, ihr dauernd zu sagen, was sie tun soll, und setz dich hier mal in Ruhe hin.«

Wie lange hatte er schon, heimlich und verschwiegen, ihre Schwächen kompensiert und auf sie geachtet?

Es erklärte auch die Attitüde meiner Mutter, die ich für ihre typische Sturheit im Verdrängen von Tatsachen gehalten hatte, dass das Thema des bevorstehenden Sterbens, des physischen Wenigerwerdens meines Vaters nie angesprochen, nie erwähnt, nie diskutiert wurde. Es erklärte vielleicht auch ihre offenbare Unfähigkeit zu trauern, es sei denn, ihre lange in Fleisch und Blut übergegangene Geheimnistuerei sorgte dafür, dass sie nur weinte, wenn sie alleine war. Wofür einiges spricht: Wenn ich nach dem Tod meines Vaters morgens in die Wohnung kam und sie, wenn ich leise das Schlafzimmer betrat, noch schlief, lagen Taschentücher auf ihrem Nachttisch, und ihr Gesicht war tränenüberströmt.

Jedenfalls stand ich jetzt vom Schreibtisch auf und ging, um mir Luft zu machen, ins Wohnzimmer, wo meine Mutter zeitunglesend saß.

»15.000 Euro habt ihr eurem Captain Brooks in den Rachen geworfen! Ich kann es immer noch nicht fassen!«

»Lass uns um Himmels willen nicht mehr von dieser leidigen Geschichte reden«, sagte meine Mutter. »Ich hab mich schon damals so über deinen Vater aufgeregt. Aber er war einfach überfordert mit der Sache. Er war zum Schluss überhaupt überfordert. Er hat gar nichts mehr auf die Reihe bekommen.«

Es kam trotz allem wie ein Schock: Die Erkenntnis, dass sie offenbar recht hatte und dass mein Vater, den ich entgegen aller Evidenz in meinem Innern als einen Menschen gespeichert hatte, der rational dachte und sein administratives Leben souverän meisterte, einen Menschen, auf den ich mich immer verlassen hatte und verlassen konnte, verloren gewesen war, ein Laokoon im verzweifelten Ringen mit den ihn umschlingenden und erwürgenden Schlangen des Geldes.

Und wenn ich noch eines weiteren Beweises dafür bedurft hätte, so kam er in den nächsten Tagen. Als ich das Geld seiner Sterbeversicherung ausgezahlt haben wollte, um den Grabstein und die Beerdigung zu finanzieren, teilte man mir mit, dass mein Vater sich vier- der fünftausend Euro bereits 2011 hatte auszahlen lassen, und dann erfuhr ich, dass auch die Ausbildungsversicherung, die er für meine Tochter abgeschlossen hatte, damals geplündert worden war. So hatte er offenbar Tante Elfriedes 8000 zurückgezahlt.

Und wenn ich es recht bedachte, hatte mein Vater immer Pech gehabt, wenn es um Geld gegangen war oder immer die falschen Entscheidungen getroffen. Was vielleicht erstaunlich war bei einem Menschen, der so sehr vom Geld besessen war wie er, und vielleicht dann auch wieder nicht.

Ich erinnere mich oder besser gesagt, ich habe es nie vergessen, obwohl es irgendwann in meiner Kindheit geschah, an einen Satz meines Vaters, den er aussprach während der Bitzer Katastrophe oder bei einer seiner Entlassungen danach: »Ich glaube, wir sind verflucht.« Oder: »Ich glaube, jemand hat uns verflucht.«

Ich muss damals noch im Sagen- und Märchenalter gewesen sein, andernfalls hätte ich den Stoßseufzer nicht so ernst nehmen können, aber damals traf er mich, als wäre ich plötzlich mit dem Siegel von Jeremias Gotthelfs *Schwarzer Spinne* markiert worden, es fiel ein Schatten auf unsere ganze Zukunft. Und obwohl ich das Ganze natürlich wieder vergaß, ist es doch so tief in mir festgehakt geblieben, dass noch heute jedes Mal, wenn ich eine Niederlage erleide, eine Enttäuschung erlebe, mich ungerecht behandelt fühle, das alte Menetekel plötzlich wieder ins Bewusstsein schwappt: Ich glaube, wir sind verflucht.

Wenn ich mir das heute überlege: Seltsam, dass weder mein Vater noch meine Mutter noch ich damals offenbar als absurd ausschlossen, es könne uns jemand so sehr hassen, dass er uns verfluchte ...

Ich war das einzige Kind, das ich kenne – und ich habe oft bei meinen Freunden und Bekannten nachgefragt –, das nicht weggeschickt wurde, wenn seine Eltern über solche Dinge wie Arbeits- oder Geldsorgen sprachen. Nahmen meine das Einzelkind einfach nicht wahr, wenn sie ihre Krisensitzungen am Esstisch hatten? Glaubten sie, ich bekäme nichts mit oder interessierte mich nicht für diese Dinge oder vergäße sie wieder? Aber selbst wenn ich nichts verstanden hätte – und ich glaube, ich habe so manches verstanden oder zumindest erfühlt –, hätte doch allein ihr Ton, ihre Panik, hätten ihre Stimmen, das Jammern und Klagen und die Vorwürfe meiner Mutter, und das Hadern und Fluchen und Brüllen meines Vaters genügt, einen Sieben- oder Zehn- oder Fünfzehnjährigen zutiefst zu ängstigen und zu verunsichern.

Denn ich wusste nicht nur, dass mein Vater keine Lohntüte, sondern ein Gehalt bekam und dass dies im Jahre 1964 2300 Mark brutto betrug, ich bekam alles mit, ich wurde zum Zeugen und manchmal zum unfreiwilligen, instrumentalisierten Akteur des finanziellen Ringens meiner Eltern.

Ich hatte meine ganze Kindheit über das Gefühl, knappgehalten zu werden und dass meine Eltern knauserten. Ich empfand das so stark, dass ich als Erwachsener die Gegentendenz entwickelte und mir keinen Wunsch, ob klein oder groß, versagte, auf später verschob oder etwa auf etwas sparte. Ich bestand auf sofortiger Bedürfnisbefriedigung, auch wenn es sich dabei um Kleinigkeiten handelte: ein neues Buch, eine Schallplatte, eine Jeans, ein paar Schuhe. So etwas wie ›das Monatsbudget ist ausgeschöpft‹ gab es nicht für mich. Mit dem Ergebnis, dass ich bis zu meiner Pariser Zeit permanent Schulden hatte, die mir auch deshalb gleichgültig waren, weil ich davon ausging (es einforderte, quasi als Kompensation für die Kinderjahre), dass mein Vater sie begleichen würde. Sosehr ich allerdings das Geld für solche Lustkäufe oder Restaurantbesuche aus dem Fenster warf, so gleichgültig war mir – wiederum eine Reaktion – das Status-Materielle. Ich wäre nie auf den Gedanken gekommen, mir einen Neuwagen zu kaufen oder Pauschalurlaube zu buchen.

Aber war es eigentlich tatsächlich so, dass meine Eltern knauserten? Schließlich verdiente mein Vater für einen Mann seiner sozialen Schicht die längste Zeit seines Berufslebens, zumindest bis zu seinem 50. Geburtstag, überdurchschnittlich gut. Gemessen wohlgemerkt an anderen

Angestelltenfamilien ohne Gymnasial- oder akademische Bildung.

Vielleicht, denke ich also heute, war mein Vater ja schon genauso ein Prasser wie ich, nur auf anderen Feldern. Er kaufte sein erstes Auto, einen Käfer, schon 1957. Da hatte Friedrich noch keines, und auch mein späterer Schwiegervater fuhr noch mit dem Motorroller. 1961, glaube ich, folgte der erste Ford 17m, 1964 der schon erwähnte 17m TS, 1966 ein 20m, von der Baureihe P 5. Alles bar bezahlt, versteht sich. Mit diesem Wagen hatte er auf der Autobahn bei Heidelberg 1967 einen schweren Unfall, den er nur mit viel Glück fast unverletzt überlebte. Er stand am Stauende in einer langgezogenen Kurve und sah gerade noch rechtzeitig, wie ein Wagen mit hoher Geschwindigkeit auf ihn zuraste. Zum Glück war das sein erstes Auto mit Gurt. Er spannte alle Muskeln an, und der Wagen raste ihm mit ca. 80 km/h ins Heck. Er hatte ein Schleudertrauma, aber ging nicht einmal ins Krankenhaus, musste allerdings monatelang eine Nackenkrause tragen. Das war die Zeit der Bitzer Probleme, also folgte ein Rückschritt, ein P5 17m in der Farbe von Hundedurchfall, für den ich mich schämte. Folgte ca. 1971 ein 20m der P7-Baureihe, bevor er dann, 1973, umschwenkte und, dank meiner Beratung, auf deren Erfolg ich sehr stolz war, einen Citroen GS kaufte. Und natürlich kam er – was Wunder! – von Citroen später nicht mehr los.

Sehr viel Geld floss also in die Autos. Viel wohl auch in Möbel und Einrichtung, Teppiche. Das Mahagoni-Schlafzimmer, das sie sich zur Hochzeit gönnten und lebenslang bewohnten, muss 1955 ein Vermögen gekostet haben.

1971 die maßgefertigte Palisander-Schrankwand von Flöt-otto, 1972 zur Münchner Olympiade der erste Farbfernse-her, der damals glaube ich 2000 Mark kostete. Teurer und schöner Schmuck für meine Mutter und ca. 1970 ein Nerz-mantel, das Nonplusultra.

Muss ich noch hinzufügen, dass unser absoluter Traum – der allerdings unerfüllt blieb – nicht das eigene Häuschen war, sondern der Swimmingpool dazu im Gar-ten. Ich kann noch heute im Sommer nicht ohne Neid und Nostalgie an Grundstücken vorbeigehen, in deren Garten hinter den Hecken ein Pool zu erahnen ist.

Dass solch ein Schwimmbecken gar nicht der absolute Luxus ist, erfuhr ich ironischerweise Jahre später im Gärt-chen meines DDR-Cousins Rudolf in Meerane. Man kann sich nämlich auch mit Teerpappe und Schaufeln und vie-len Freunden, die zur Hand gehen, für wenig Geld selber eines ausheben. Es erfüllt zwar keine höheren ästheti-schen Ansprüche, kühlt bei Hitze aber ebenso gut wie das Hollywood-Designerstück, das uns immer vorschwebte.

Nicht zu vergessen die, wenn ich mich recht entsinne, 85.000 Mark, die die Eigentumswohnung kostete, die sie ca. 1970 oder 71 von Friedrich in Bruchköbel (of all places) kauften und die nichts als Verdruss und Unglück brachte. Das Geld oder eine Anzahlung dafür muss also dagewe-sen sein. Umso mehr als mein Vater etwa zur gleichen Zeit mit dem Gedanken spielte, im neuerbauten Hoch-haus *Orplid* in Böblingen, einem der letzten Bauwerke Hans Scharouns, eine Penthouse-Wohnung zu kaufen. Die hätte 110.000 gekostet, und mein Vater schreckte vor der Investition zurück (die sich finanziell langfristig durchaus gelohnt hätte). Das *Orplid* war damals, anders als andere Hochhäuser, eine Sensation in Böblingen, und das Wort ›Penthouse‹ übte auf meinen Vater eine ähnliche Faszination aus wie das Wort ›Swimmingpool‹.

Das heißt, Geld war durchaus vorhanden, auch nach der Bitzer Episode. Warum also mein Gefühl, permanent zu kurz zu kommen? Sparten meine Eltern an mir? Objektiv gesehen wahrscheinlich nicht, vermutlich hat mich mehr als irgendein tatsächlicher Mangel die Tatsache gestört, dass jeder Pfennig an Wohlverhalten meinerseits gekoppelt war, also dass sie mich erpressten (wenn auch mehr in Drohungen als de facto). Und dass, zumindest erinnere ich das so, permanent über Geld geredet wurde, und zwar immer nur über seinen Mangel. »Ich hab kein Geld.« »Dafür haben wir kein Geld.« »Das können wir uns nicht leisten.« Das hörte ich meine ganze Kindheit und Jugend hindurch, und vielleicht störte mich daran am meisten, dass ich mitbekam, so ganz stimmte es offensichtlich nicht. Aber langfristig macht so ein permanentes Geldlamento und vor allem das permanente Erwähnen von Geld etwas mit einem. Und nichts Gutes.

Wenn jener Autokauf in Friedrichshafen der Höhepunkt der unbeschwerten, positiven Geldzeit war, dann war ihr erster und entsetzlichster Tiefpunkt das Jahr 1967 in Bitz oben am höchsten und verlorensten und kältesten Punkt der Schwäbischen Alb.

Aber um von Bitz erzählen zu können, muss ich vorne anfangen im Berufsleben meines Vaters.

Mein Vater begann im Frühjahr 1945 eine Lehre als Versicherungskaufmann bei der Frankfurter Allianz. Ich weiß nicht, ob die damals auch drei Jahre oder dreieinhalb dauerte, jedenfalls erhielt er dann seinen Kaufmannsgehilfenbrief und orientierte sich rasch in Richtung auf das, was später EDV hieß, damals aber noch nicht elektronisch gewesen sein kann. Ich erinnere mich, dass mein Vater einmal den Begriff Hollerithmaschinen erwähnte, und ich habe jetzt auch beim Wühlen unter den Kartenglückwünschen zur Hochzeit meiner Eltern eine entdeckt, die von den Mitarbeitern der ›Hollerith-Abteilung‹ der Allianz unterschrieben war. Jedenfalls sprach meine Mutter immer von der ersten langen Trennung der Ehe, als ihr Mann einen mehrmonatigen Lehrgang über Datenverarbeitung in Köln absolvierte. Offenbar drängte er innerhalb der Allianz danach auf ein berufliches Vorankommen, und es wurde ihm signalisiert, dass seine Zeit schon noch kommen werde, aber die Allianz Karrieren nicht überstürze. Da kündigte er kurzerhand – offenbar machte die Versicherung ihm angesichts der Kündigung ein besseres Angebot, das er aber ausschlug – und wechselte zur Firma Bull nach Stuttgart. Das war 1955, und meine Eltern verließen für immer Frankfurt.

Es ist natürlich müßig, aber ich habe mich gefragt, wie das Berufsleben meines Vaters wohl verlaufen wäre, wenn er bei der Allianz und in Frankfurt in der Nähe seiner Familie geblieben wäre. Aber nicht, weil man so etwas ohnehin nicht einschätzen kann, ist diese Frage müßig, sondern weil mein Vater nicht der Mensch war, der sich hätte gedulden oder einfügen können. Er wollte vorankommen, er wollte nach oben, er war 24, da hat man wenig Geduld und wenig Sinn für Strategie (ich weiß, wovon ich rede), und so, wie ich ihn kenne, wollte er sich auch für erlittene Erniedrigungen – oder was er dafür hielt – revanchieren. Nach dem Motto: Ihr werdet schon sehen, was ihr an mir hattet ...

Meine Mutter arbeitete weiterhin, wie in ihrer Heimatstadt, bei den Amerikanern, bis zu meiner Geburt. Offenbar hatte mein Großvater mütterlicherseits ihr versprochen, ein Studium zu bezahlen, aber sie wollte nicht studieren. Sie hat mir erzählt, dass damals einige ihrer Mitabiturientinnen als Au-pair-Mädchen ins Ausland gingen (1952), um ihre Fremdsprachenkenntnisse zu verbessern, aber sie habe das nicht gewollt (wahrscheinlich, weil sie bereits meinen Vater kannte) und stattdessen ein Angebot der Amerikaner angenommen, als Fremdsprachenkorrespondentin im *Signal Service* der Militärverwaltung anzufangen, der im IG-Farben-Haus residierte. Er bot ihr überdies an, mit meinem Vater in die elterliche Wohnung in die Merianstraße zu ziehen, weil er den Job als Hausmeister beim Hessischen Rundfunk in Kassel in Aussicht gestellt bekam (mit Dienstwohnung), aber mein Vater hatte sich da bereits weg von der Allianz und weg von Frankfurt entschieden, und bei dieser Logik sollte es bleiben. Meine Mutter und später auch ich folgten den Arbeitsstellen meines Vaters quer durch Deutschland.

Der entwickelte sich offenbar zu einer Art Allrounder. Er verkaufte die Lochkartenmaschinen, wartete und verbesserte sie, lernte aber zugleich auch programmieren. Der Name eines Programms, mit dem er arbeitete, ist mir noch in Erinnerung, aber ich glaube, das gab es erst in den Siebzigern: *Cobol.* 1961 wechselte er dann aus Stuttgart nach Friedrichshafen zum größten Bull-Händler des Südwestens, wobei ich gar nicht weiß, ob er damit noch Angestellter der französischen Firma blieb oder nicht.

In Friedrichshafen habe ich meine frühesten Erinnerungen. Und ich glaube, die Aufstiegskurve meines Vaters fand hier ihren Zenit (was ihm natürlich nicht klar war, er hielt es für ein erstes erreichtes Etappenziel). Dafür sprechen nicht nur die rasch nacheinander gekauften neuen Autos, auch die Urlaube, auch die Fotos von den Sonntagsspaziergängen auf der Friedrichshafener Promenade oder auf der Mainau mit Friedrich und seiner Frau: Meine Mutter im stilechten Jacqueline-Kennedy-Look mit Kapotthütchen, ellbogenlangen Handschuhen, Kostüm, und mein Vater und Friedrich in Anzügen von Herrenausstatterqualität (wobei damals ja niemand auf den Gedanken kam, am Wochenende in Ballonseide herumzulaufen, auch und gerade Arbeiter und sogenannte ›einfache Leute‹ nicht, denen das gegen die Standes- oder Klassenwürde gegangen wäre).

Wenn man bedenkt, dass der 14-Jährige sich im Alleingang seine Lehrstelle bei der Allianz besorgt hatte und sich gegen den Amtmann des Arbeitsamts durchsetzen musste, der ihm angesichts seines Zeugnisses (und seiner Herkunft) und trotz der schriftlichen Zusage der Versicherung eine Lehrstelle als Post-Jungbote (›Postjumbo‹) verpassen wollte, sodass mein Vater seinen Lehrer Rücker von der Karmeliterschule um Hilfe bat, der dann schriftlich bestätigte, das Zeugnis aus Zweien und Dreien sei das beste, das er in den über 30 Jahren seiner Lehrerlaufbahn geschrieben habe, hatte er eine exemplarische Laufbahn hingelegt und stand jetzt mit 35 und einem Monatsgehalt von 2300 Mark tatsächlich an der Schwelle zum nächsten Karrieresprung.

Irgendwann in der Friedrichshafener Zeit lernte mein Vater geschäftlich Herrn Baierle kennen, Gerhard Baierle. Ich erinnere mich noch recht gut an ihn, ich mochte ihn sehr gerne, und er war auch der Typus, der meinem Vater imponierte. Ein Hansdampf in allen Gassen, vielleicht ein wenig strizzihaft, jedenfalls ein typischer Verkäufer und Handelsvertreter, eloquent, einfallsreich, großzügig. Ich würde ihn auf einem Foto jener Zeit sofort wiedererkennen, vor allem wegen seiner Haarform. Meine Mutter brachte mir da ein neues Wort bei: Geheimratsecken.

Die beiden verstanden sich sehr gut, Baierle war ein paar Jahre älter und ganz offensichtlich der Parkettsicherere. Also derjenige, der Dritten gegenüber das Reden besorgte (außer es ging um Technisches). Vielleicht gab es so eine Art Großer-Bruder-Verhältnis. Oder aber es war so, dass meinem Vater immer die Typen imponierten, die sich in Szene zu setzen wussten (diese Gemeinsamkeit hatte Baierle mit den späteren Rydlewski und Burkhard).

Offenbar würzte auch eine gewisse kumpelhafte Rivalität das Ganze. Sie müssen wohl bei Gelegenheit gemeinsam sehr tief ins Glas geschaut haben, vielleicht gefiel meinem Vater, für den ja dergleichen nicht existierte, auch das Renommieren des anderen mit seinen »Weibergeschichten«. (Wohlgemerkt war auch Baierle verheiratet.)

Ich weiß, dass sie sich auf Rückfahrten von Geschäfts-
terminen häufig Wettrennen lieferten. Immer einmal über
die Alb. Herr Baierle in seinem Porsche 912 gegen meinen
Vater in seinem (mittlerweile) Ford 20m, in dessen Koffer-
raum er eine Zementplatte legte, um die Fahreigenschaf-
ten zu verbessern.

Mein Vater war ein sehr guter Fahrer, der allerdings
extrem schnell, riskant und wahnwitzig aggressiv Auto
fuhr. Ich erinnere mich selbst an Fahrten von Friedrichshafen nach Bitz im Winter, wenn er auf den gewundenen,
berganführenden Straßen auf einer kurzen Geraden vor
der nächsten uneinsehbaren Kehre mit Vollgas drei, vier
der langsam dahinbrummenden Kieslaster samt Anhän-
gern überholte, ich auf dem Beifahrersitz ohne Gurt und
Nackenstütze genoss es, es konnte mir gar nicht schnell
genug gehen. Entsprechend stolz erzählte mein Vater mir
dann auch, wie er dank seines Geschicks zwischen He-
chingen und dem Aufstieg aus dem Killertal den Porsche
Baierles in Schach hielt oder ihn auf der Bundesstraße
bei Bebenhausen an einem Kurvenausgang mit 150 km/h
überholte, um als Erster die imaginäre Ziellinie, das Tü-
binger Ortsschild, zu passieren.

Der Jähzorn und die Aggressivität meines Vaters führten in der Friedrichshafener Zeit einmal fast sogar zu
einer Schlägerei. Mein Vater fühlte sich vom Wagen eines französischen Besatzungssoldaten behindert oder
abgedrängt (»der spielt sich hier als Kriegsgewinner
auf!«), stellte ihm nach, schnitt ihn, drängte ihn an den
Straßenrand, stieg aus und lieferte sich ein lautstarkes
Wortgefecht mit dem sehnigen, braunhäutigen Mann.

Ich weiß noch, dass ich darauf hoffte, er werde den Feind k. o. schlagen (meine Mutter hielt mich im Auto fest, damit ich ihn nicht anfeuerte bzw anstachelte. Ihr war das alles zutiefst peinlich), aber ich glaube, es kam nicht zu einer physischen Auseinandersetzung. Apropos: Ganz in der Nähe der Albrechtstraße, in der wir in Friedrichshafen lebten, damals ein idyllisches, nicht asphaltiertes, ruhiges Stichsträßchen (eine der entsetzlichsten Veränderungen eines der Orte, an denen ich gelebt habe), an der Ecke Rosen- und Sandöschstraße, auf meinem Weg zum Kindergarten und später zur Schule, befand sich eine französische Kaserne, an der ich gerne vorüberging, um die damals noch fremdartigen französischen Autos zu betrachten, die Panhards und Dauphines und Simcas. Natürlich sah man dort auch französische Soldaten, und so formte sich mein Bild davon, wie Franzosen aussahen: klein, dunkelhaarig, braunhäutig. Ich hielt lange Charles Aznavour für einen typischen Franzosen. Erst viele Jahre später wurde mir klar, dass die vermeintlichen Franzosen, die ich dort herumlaufen sah, fast ausschließlich Algerier waren, Harkis, und erst als ich in Paris lebte, las ich, dass der Militärdienst in Deutschland eher als Strafe galt denn als Auszeichnung.

Herr Baierle also, der uns einmal auf seine Motoryacht einlud, ein echtes ›Kajütboot‹, um über den Bodensee zu schippern, nach Bodman, wonach meine Bewunderung für ihn ins Unermessliche stieg, Herr Baierle wurde zur schlimmsten Nemesis, die unsere kleine Familie je kennen sollte.

Irgendwann hatte er meinem Vater wohl vorgeschlagen, gemeinsam eine Firma zu gründen. Auf dem Papier war es 1966 eine hochmoderne und erfolgversprechende Idee, einen Datenverarbeitungs-Servicebetrieb zu gründen, der mit einer EDV-Anlage die Buchhaltung, Lohnbuchhaltung und das Rechnungswesen verschiedener Firmen übernahm. Der Plan war, sich auf der Alb anzusiedeln und hauptsächlich für die damals florierenden Textilunternehmen zu arbeiten, die Baierle gut kannte. Wäre es gutgegangen, hätte es groß werden können, alle später bedeutenden deutschen Rechenzentren begannen zu der Zeit. (Mein Vater erzählte irgendwann einmal als Anekdote beim Abendessen, wie er in jenen Jahren Nächte mit Heinz Nixdorf verbracht hatte, quasi unter den Lochkartenmaschinen liegend, um sie zu reparieren.) Ein Grund mehr zu jammern: Wenn alles gutgegangen wäre, hätte es so erfolgreich laufen können! Der Refrain des Lebens meines Vaters: Wenn es so und so gekommen wäre (wie es eigentlich hätte kommen müssen, wenn alle vernünftig gewesen wären), dann hätten wir richtig viel Geld gemacht ...

Wie sehr mir das alles noch präsent ist: auch nach 50 Jahren noch kenne ich die Namen der Gesellschafter. Die beiden stillen Teilhaber waren der Dr. Feller, ein feister, glatzköpfiger Mann von der Wirtschaftstreuhand Reutlingen, an dessen schwarze Löckchen auf seinem Stiernacken ich mich erinnere, und der Maier-Bitz, ein schwäbisch-enger Textilunternehmer aus dem Dorf oberhalb von Ebingen, in dem wir dann auch wohnten, was ein Albtraum für meine Mutter war, wobei sie wie immer nichts dagegen unternahm, aber unablässig zeterte und sich beschwerte.

Was passierte dann? Ganz genau weiß ich es nicht mehr, auch wenn ich an die Bitzer Zeit intensivste Erinnerungen habe. Zunächst einmal war es für mich nicht ganz einfach, nach den sonnigen und glücklichen Friedrichshafener Jahren in dieses winzige Dorf zu kommen, in dem von Oktober bis Mai Winter herrschte, dessen Dialekt ich nicht verstand und dessen Umgangsformen und (auch wenn ich hier den besten Lehrer meiner gesamten Schulzeit fand) Verhaltenskodexe mir völlig fremd waren. Einen sehr großen Teil dieser anderthalb Jahre war ich gefühlt alleine mit meiner Mutter in dem modernen Häuschen, das wir von den Nachbarn gemietet hatten und dessen Grundstück die ganze Zeit über ein großer unbegehbarer Schutthaufen blieb. Mein Vater war schon drei Monate vor uns nach Ebingen gekommen, um die Geschäfte vorzubereiten. Die Arbeitsteilung zwischen ihm und Baierle war klar. Mein Vater brachte die Kontakte zu Bull mit, wo der Gamma 10 gekauft wurde, der dann offenbar so viele Sorgen bereitete, dass mein Vater das Büro auch an den Wochenenden selten verließ. Baierle war für die Kundenkontakte und die Akquise zuständig.

Offenbar ließ die Sache sich zunächst vielversprechend an, nur der Computer funktionierte nicht, wie er sollte. Manchmal am Samstagnachmittag fuhren meine Mutter und ich mit dem Bus hinunter nach Ebingen zum Büro an der Schmiecha, die jedes Mal, wenn wir ihn dort abholten, eine andere Farbe hatte und einen anderen Geruch oder besser Gestank ausdünstete. Und dann saßen wir dort, und mein nervöser Vater, der versprochen hatte, um 14 Uhr fertig zu sein, blieb noch eine Stunde, noch zwei, noch drei. Und wir saßen im Vorraum und warteten. Und ich malte auf dem grün-weißen Endlospapier und lernte, was Langeweile ist.

Irgendwann aber bootete Baierle die anderen Gesellschafter aus, ich glaube, indem er einen anderen Computer kaufte, dafür hätte es eine Kapitalerhöhung gebraucht, die niemand der anderen Gesellschafter mittrug (alle waren zeichnungsberechtigt), mein Vater mangels Geld nicht mittragen konnte, die Firma ging in Konkurs, und das ganze investierte Kapital meines Vaters, 15.000 Mark, war verloren.

Von heute aus gesehen hört sich das alles harmlos genug an, man würde sagen, was solls, Mund abputzen und weiter, was schließlich auch genau das war, was mein Vater tat, aber emotional war es eine Katastrophe, eine Zäsur, die erste große Niederlage.

Es gab endlose Krisensitzungen zwischen meinen Eltern, das Wort ›Schuldturm‹ fiel, eine typisch theatralische Formulierung meiner Mutter: »Wir kommen alle in den Schuldturm!«, kreischte sie, und ich glaube, da verlor sie die Gewissheit, bei meinem Vater in guten und sicheren Händen zu sein. Erst brachte er sie in dieses gottverlassene Kaff zu diesen Bergbarbaren, dann scheiterte er, natürlich war es eine Verschwörung der Baierle, Dr. Feller und Mayer gegen ihn, gegen uns. Meine Mutter praktizierte in solchen Situationen eine gespreizt-theatralische Rhetorik, zum Beispiel entsinne ich mich, dass sie sagte: »Ich speie diesen Baierle an, diesen Hund!« Jedenfalls hatten ihre Tiraden immer den Effekt, meinen Vater und mich bis zur Weißglut zu reizen und mit Hass- und

Rachefantasien gegen die Menschen, die uns Böses antaten aufzuladen. Aber da im Allgemeinen gegen die nichts auszurichten war, kehrte sich die Wut irgendwann gegen den Verursacher. Meine Mutter zeterte und klagte, und mein Vater – in meiner Erinnerung – war ein Häufchen Elend. Rasend, drohend, aber zugleich vollkommen vor den Kopf geschlagen, enttäuscht, hadernd mit der Unehrlichkeit derer, denen er vertraut hatte, mit denen er per Handschlag doch im Bunde war. Hadernd auch gegen die Unlogik des Ganzen: »Es war doch nicht nötig, es hätte doch alles ins Lot kommen können!« Aber dabei unfähig, eine Entscheidung zu treffen und, in diesen Situationen, die ich miterleben musste, völlig unsouverän.

Ich weiß nicht, was ein Achtjähriger von Würde verstehen kann, aber was sich mir einbrannte, das war, dass mein Vater seine Würde verlor. Dass er zutiefst würdelos war in seiner Reaktion auf das verlorene Geld und die ganze Situation.

Wahrscheinlich redete meine Mutter in den langen Stunden, die wir alleine verbrachten, so intensiv auf mich ein, dass auch ich angesichts seiner Hilflosigkeit, seiner Verzweiflung, seiner Panik, die Achtung vor meinem Vater verlor.

Und das ist, von heute aus betrachtet, natürlich eine Katastrophe gewesen für mich. Ein Achtjähriger, der plötzlich glaubt, er allein müsse die Familienehre retten und rächen, die Bösen bestrafen oder verletzen oder ermorden, jedenfalls erniedrigen, und all das tun, wozu der unfähige und feige Vater nicht in der Lage ist. Der Vater, der Versager.

Und wie sollte ich das schaffen, der nicht einmal den Sohn des Maier-Bitz, der in derselben Klasse war wie ich, besiegen, erniedrigen, totschlagen konnte, als er mir mit zwei Freunden auf dem Pausenhof die Pudelmütze wegnahm und mich, indem sie sie sich einander zuwarfen, wie einen Idioten weinend und erniedrigt hin- und herrennen ließ.

Ich verlor in diesem Jahr, das wird mir im Nachhinein klar, nicht nur die Achtung vor meinem Vater, sondern auch die vor mir, mein Selbstvertrauen oder zumindest ein gutes Stück davon. Warum nur haben die beiden mich nicht in mein Zimmer gesperrt? Ich war acht, und ich hörte es alles mit an. Sachlich konnte ich es nicht einordnen, aber emotional hat es viel in mir zerbrochen.

Gefühlt erholte sich die Karriere meines Vaters nie mehr von dieser Zäsur.

Objektiv, das wurde mir erst sehr viel später klar, kann es so schlimm nicht gewesen sein. Keine sechs Monate nach der Katastrophe hatte er, ohne lange suchen zu müssen, einen Job in Stuttgart als stellvertretender Abteilungsleiter der EDV-Abteilung der Württembergischen Feuerversicherung, der Württfeuer, wie sie genannt wurde, gut bezahlt, und wir zogen in eine große, moderne Vierzimmerwohnung in der strahlend neuen Waldsiedlung Rauher Kapf in Böblingen.

In all den auf Bitz folgenden Jahren, 1968 bis 1973, konnten wir uns schöne Sommerurlaube leisten, auch neue Autos, keine Rede von Schuldturm oder auch nur ›Gürtel enger schnallen‹. Das verlorene Firmeninvestment war zwar weg, aber das Kapital hatte mein Vater 1966 schlicht gehabt, er hatte dafür keinen Kredit aufnehmen müssen. Was war also bitte schön eigentlich gewesen?

Das verstand ich, wenn auch erst als Erwachsener, angesichts der nächsten Enttäuschung. Der Grund für die emotionale Überreaktion war die so merkwürdige wie völlig absurde und durch nichts Objektives zu rechtfertigende Selbstüberhöhung meiner Eltern. Oder anders gesagt: die vollkommen unangemessene Bedeutung, die sie sich, ihrem Schicksal und dem Namen Kleeberg zumaßen.

Als der Abteilungsleiter EDV, ein knapp Sechzigjähriger namens Haas, überraschend starb, wurde nicht mein Vater zu seinem Nachfolger ernannt, sondern ein Dr. Serbin. Ich weiß nicht, ob mein Vater nur darauf gehofft hatte, die große Abteilung ganz natürlich wie einen Erbhof zu übernehmen oder ob die Versicherung ihm das sogar in Aussicht gestellt oder versprochen hatte. Stattdessen holte sie von außen diesen Herrn Serbin, einen smarten Manager.

Im Kleinen wiederholte sich da 1971 der emotionale Ausnahmezustand von vor vier Jahren. Mein Vater fassungslos und vor den Kopf geschlagen und enttäuscht (»in die Hand versprochen«), meine Mutter zeternd und hetzend: »Dieser Serbin, dieses Schwein! Du musst was tun! Beschwere dich, fordere das ein, das ist dir zugesagt gewesen, du musst dich da durchsetzen. Tu doch was, anstatt hier herumzusitzen wie ein begossener Pudel! Du lässt wirklich mit dir umspringen! Lass dich um Himmels willen nicht so erniedrigen!«

Dabei war es objektiv weder eine Erniedrigung noch

auch wahrscheinlich eine falsche Entscheidung. Mein Vater war mit 40 zwar fachlich ein Topmann, aber psychologisch und emotional und kommunikativ ganz einfach nicht in der Lage, eine Abteilung von mehr als 20 Mitarbeitern zu führen. 30 Jahre später hätte er das auch problemlos zugegeben. Er konnte nicht kommunizieren (»Die solle' jetz mal den Ding da mache!«), er konnte nicht führen, er war zu aufbrausend, zu abweisend, zu eigenbrötlerisch. Er war unbeliebt bei den Mitarbeitern, von denen er zu viel verlangte, und er war blind gegenüber den Hierarchien des Unternehmens und den für den eigenen Erfolg notwendigen Strategien und Taktiken. Alles Dinge, die Serbin beherrschte.

Entscheidend ist aber anderes: Andere Menschen, normalere Menschen, erleben auch Misserfolge oder Zurücksetzungen im Berufsleben, die meisten tun das. Aber die meisten machen kein solches Aufhebens davon. Shit happens. Es gibt eben auch Kollegen, die mehr können. Manchmal fehlt das Glück. Mund abputzen. Weitermachen. Aber so war mein Vater nicht. Von irgendwoher trug er im Guten wie im Schlechten (und meistens war es eben nicht gut) diesen Auserwähltheitsdünkel oder -fimmel mit sich herum. Wir sind doch Kleeberge. Die besten, schönsten, größten! Ich bin verflucht! Die Götter sind gegen uns!

Es gibt andere, die besser sind? Nicht im Ernst. Im Grunde seiner Seele hat mein Vater das nie geglaubt, und diese abwegige – und durch die Realität andauernd erschütterte – Überzeugung ist auch mir in Fleisch und Blut übergegangen.

Kleinere Münze ging nicht. Im Grunde war es derselbe Defekt, der ihn Jahrzehnte später zum Opfer der Brooks/ Morgan machte: Zehn Millionen für mich? Ja natürlich, für wen sonst? Große Selbstüberschätzung, tiefer Fall.

Aus der Serbin-Zeit stammte auch die Doktoren-Obsession meines Vaters. »Michael, du musst studieren und ein Herr Doktor werden. Du siehst es ja an mir, wo es mit den Beförderungen aufhört. Hinter der Grenze zum Abteilungsleiter musst du promoviert sein.« (Was ich studieren sollte, war völlig gleich, aber der Herr Doktor musste ich werden, quasi um die Familienehre zu retten. Im Übrigen stimmte der Satz nicht, denn Onkel Friedrich, auch nur mit Volksschulbildung, war sehr wohl Abteilungsleiter geworden – litt aber seinerseits 30 Jahre lang unter seinem Vorgesetzten, dem Abteilungsdirektor, natürlich ebenfalls einem Herrn Doktor, weswegen er, wenn wir ihn sahen, in dieselbe Kerbe schlug.)

Ungefähr zur gleichen Zeit, zu Beginn der Siebziger, hatte Friedrich als Architekt ein Mehrfamilienhaus in Bruchköbel bei Hanau gebaut und war günstig an drei Wohnungen gekommen, von denen er eine meinem Vater verkaufte. Während Friedrich mit seinen Mietern Glück hatte, bahnte sich für uns die nächste Katastrophe an: Unser Mieter zahlte nicht, nutzte alle legalen und illegalen Tricks, und bei uns zu Hause war wieder die Hölle los: Vorwürfe meiner Mutter, leere Drohungen meines Vaters, Verzweiflung, Verschwörungstheorien, ohnmächtiger Hass auf diese Familie Neuberger, Vernichtungsfantasien: »Wir engagieren ein Rollkommando, wir lassen die Wohnungstür aushängen, wir schicken irgendwelche Typen mit Eisenstangen hin, die ihnen Angst machen.« Stattdessen ließen wir uns von ihnen vorführen. Ich glaube, es dauerte zwei Jahre, bis er die Leute rausgeklagt hatte, während dieser Zeit hatte er keine drei Monatsmieten eingenommen, und als er die Wohnung dann verkaufte, weil wir bauen wollten, war sie weniger wert als zuvor, und er verlor ein Fünftel des Preises. Pech wieder einmal, oder aber eben die Blindheit meines Vaters in der Beurteilung von Menschen, die ihn unfähig machte, irgendjemanden richtig einzuschätzen oder zu durchschauen. Vielleicht nicht nur Blindheit, sondern auch einfach Desinteresse. Ich glaube, er sah die Leute nie richtig an. Er konnte übrigens auch keine Namen behalten, weder von Feinden noch auch von vermeintlichen Bekannten.

Ich merke, wie sehr auch diese Episode mir nachgegangen ist, wenn ich noch heute Freunde, die Wohnungen vermieten, als Erstes frage, ob ihre Mieter auch zahlen (immer problemlos, oft sind es fast freundschaftliche Verhältnisse), oder wenn ich in den aktuellen Diskussionen über steigende Mieten immer erst einmal emotional auf der Seite der Vermieter bin und deren Rechte gestärkt sehen will.

Verschwörungstheorien, Rachegelüste, das Bedürfnis nach Revanche und die Konsequenz, dass nach jedem solchen Pechfall der Anspruch auf Glück stieg. Also der absurde Anspruch nicht etwa aufs Glücklichsein, sondern aufs Glückhaben. Vielleicht war es diese psychologische Dynamik in unserer Familie, die machte, dass wir das doch im Großen und Ganzen gewöhnliche berufliche Auf und Ab tragischer nahmen, als es objektiv war und vor allem persönlich nahmen. Nicht nur mein Vater, sondern auch meine Mutter und ich nahmen es immer alles persönlich – und kompensierten jede gefühlte Niederlage mit zusätzlichem Dünkel.

Und mein Vater konnte aufgrund seiner Sozialisation und seiner Herkunft und wohl auch seines Charakters die Schuld für Niederlagen und Rückschläge immer nur bei sich selbst suchen. Er gehörte keiner Solidargemeinschaft an und machte kein System verantwortlich (was ja ungemein beruhigend auf die eigene Psyche wirken kann), eher die Flüche seiner Feinde, die Sterne oder Fortuna oder den lieben Gott.

1973 nach der – auch wieder laut Familienlegende einer Intrige geschuldeten – Entlassung bei der Versicherung schien endlich der Karrieresprung zu kommen: Mein Vater wurde EDV-Leiter bei Breuninger. Abteilungsleiter. Mit zwanzig Leuten unter sich. Mit einem Gehalt von 3800 Mark brutto.

Und wurde aus Gründen, die wir nie erfuhren, nach dem Probehalbjahr von Herrn Breuninger persönlich gefeuert. »Den will i hier nimmer sähn!«

Das war nun wieder ein Schock und eine Zäsur, denn mittlerweile war das Ölkrisenjahr gekommen, und zum ersten Mal suchte mein Vater, mittlerweile Anfang vierzig, monatelang nach einer neuen Anstellung, und zum ersten Mal war die, die er dann fand, schlechter bezahlt als die letzte und erforderte, da es eine kleine Unternehmensberatung war, seinerseits nochmal ein berufliches Umlernen, das er mit der üblichen Akribie und Kraft, wenn auch nicht ohne Ängste und Bangen auf sich nahm.

Dieser ganze empfundene Abstieg wurde von mir, der in die Pubertät kam und vom Primus zum Durchschnittsschüler absank, parallelisiert, und als wir dann zwei Jahre später Böblingen verließen, fühlte ich mich wie Jonas, der aus dem Bauch des Wals gespien wird. Gerettet und neugeboren und befreit vom Familienfluch oder zumindest bereit ihn abzuschütteln und meine eigenen Wege zu gehen. Das war die Zeit, in der ich mich von meinen Eltern abzunabeln begann und auch nicht mehr genau mitverfolgte oder mitbekam, wie die Arbeits- und Finanzsituation meines Vaters war.

Meine Eltern hatten lange den Traum vom eigenen Haus verfolgt, aber Böblingen war zu teuer gewesen. Als sie dann 1975 das Grundstück in Großhansdorf kauften, kostete der Quadratmeter in diesem noblen Hamburger Vorort, der bürgerlicher und herrschaftlicher als das ganze Böblingen war, weniger als die Hälfte dessen, was am Tannenberg verlangt wurde, wo der Grund damals absurderweise genauso teuer war wie in Blankenese mit Elbblick, nämlich 220 Mark den Quadratmeter. Dennoch hätte mein Vater sehr viel preiswerter kaufen und bauen können als er es dann tat. Zwei Kilometer weiter jenseits der Autobahn, in Hoisdorf, in Lütjensee oder Trittau, wo viele meiner zukünftigen Schulfreunde lebten, war der Baugrund, weil kein direkter U-Bahn-Anschluss nach Hamburg bestand, noch einmal entscheidend billiger, statt 110 Mark hätte man auch Grundstücke für 40, 20 oder sogar zehn finden können. Mein Vater rechnete wie immer: Wenn dies klappt, dann funktioniert auch das, und dann müsste alles machbar sein. Aber wie üblich haperte es schon beim ersten Wenn. Ich sage, ich verfolgte die Finanzsituation nicht mehr mit, erwartete aber selbstverständlich, dass für mich und meine Bedürfnisse permanent genügend Geld da war, und meine Bedürfnisse stiegen aufgrund meiner wohlhabenden neuen Freunde, mit denen ich glaubte mithalten zu müssen, um von ihnen akzeptiert zu werden, heftig an. Es mussten jetzt Markenjeans sein, und das letzte Mal, dass mein Vater und ich einen Streit hatten, bei dem es zu Handgreiflichkeiten kam, war mein 16. Geburtstag, zu dem ich all die neuen Noch-nicht-Freunde einlud und bei dem ich ihnen, weil das das bevorzugte Bier der Clique war, Einbecker Urbock servieren wollte. Als ich mit meinem Vater einkaufte, stellte sich heraus, dass das Bier doppelt so teuer war wie Astra oder Holsten, und mein Vater weigerte sich, die teuerste Marke zu kaufen. Ich sah alle meine Felle davonschwimmen, wenn ich, der Neue aus der schwäbischen Provinz, all diesen Prinzen Billigbier servierte, und so kam es wie es kommen musste. Ich nannte ihn einen Ahnungslosen und einen Geizhals. Er nannte mich einen Großkotz und einen kleinen Gernegroß.

Mein Vater leitete ein Rechenzentrum, das einer Wirtschaftsprüfergesellschaft gehörte, danach, zu Beginn der 80er, ich war schon aus dem Haus, die Hamburger Filiale eines großen Frankfurter Rechenzentrums. Dann kam der erste PC auf den Markt, und in rasender Geschwindigkeit verlor das Prinzip des Datenverarbeitungsservice, der über einen großen Mainframe verfügte, an Bedeutung. Das Rechenzentrum brach zusammen, und mit Anfang 50 war mein Vater arbeitslos, und diesmal endgültig, denn das Tätigkeitsfeld, in dem er seit den frühen Fünfzigern als Generalist gewirkt hatte, gab es nicht mehr, und niemand stellte mehr einen Mann dieses Alters ein, der ein Allrounder war, praktisch alles konnte, aber nicht die offiziellen Bildungsreferenzen besaß.

Unglücklicherweise fiel diese Arbeitslosigkeit zusammen mit dem Auslaufen der ersten Hypothek aufs Haus. Mein Vater musste umschulden, und die Hypothekenzinsen waren auf über 11 % gestiegen. Um die Zinslast tragen zu können, war es unmöglich, irgendetwas zu tilgen. Das war der Grund, warum das Haus auch 30 Jahre später, als es verkauft wurde, noch nicht abbezahlt war, weit davon. Ich glaube, insgesamt zahlte mein Vater statt der 200.000 Mark, die Haus und Grundstück bar gekostet hätten, in 36 Jahren weit mehr als eine halbe Million. Das Wunder war, dass es ihm gelang, das Haus überhaupt zu halten.

In gewisser Hinsicht denke ich, dass er auch hier zum Teil zum Opfer der staatlichen Verarschung der kleinen Leute wurde, gerade weil er sich ihnen nicht zugehörig fühlte.

Meine Eltern hatten bis 1969 immer SPD gewählt (»Leute wie wir wählen SPD«). 1972 dann aber wählten sie, gerade im Moment der Apotheose der SPD, die mit Willy Brandt bei den Neuwahlen nach dem Misstrauensvotum zum ersten Mal stärkste Partei wurde, Barzel. Offenbar glaubte er, jetzt im Lager derer angekommen zu sein, deren Interessen von der CDU vertreten werden, der Besitzenden. Irrtum. Sowohl mein Onkel Friedrich als auch ungefähr zur selben Zeit mein späterer Schwiegervater bauten sich ihr Haus Mitte der Sechziger mit sehr viel Eigenarbeit. Friedrich ließ die Leute seiner Bauabteilung am Wochenende schwarzarbeiten, mein Schwiegervater, selbst Tischler, setzte seinen Bruder und seinen Freundeskreis ein. Es waren in beiden Fällen billige Grundstücke und billige Häuser, da man sich realistischerweise nicht mehr leisten konnte zu der Zeit. In beiden Fällen blieben die Kosten für Grund und Haus weit unter 100.000 Mark, und in beiden Fällen waren die Kredite spätestens nach 20 Jahren auf Heller und Pfennig abbezahlt. So und nicht anders, mit einem hilfreichen Freundesumfeld, mit sehr viel Arbeitsschweiß und mit Bescheidenheit konnten einfache Menschen in den Sechzigern zu einem Eigenheim kommen, wenn sie sich nicht von der Propaganda weismachen ließen, andere Menschen zu sein und andere Möglichkeiten zu haben als es der Fall war.

Mein Vater dagegen träumte sich in die Haut derer, zu denen er nicht gehörte und verschuldete sich für den Rest seines Lebens.

Ich weiß nicht, wie lange es dauerte, bis er wieder Arbeit fand, ich war damals schon im Ausland, und von Zeit zu Zeit brauchte ich immer noch Geld von ihm, was ich auch schnöde einforderte, ohne mir auch nur einmal Gedanken darüber zu machen, dass ihm das Wasser zu diesem Zeitpunkt bis zum Hals gestanden haben muss. Jedenfalls bot ihm sein alter Arbeitgeber, die Württembergische Versicherung, irgendwann eine Generalagentur an, allerdings eine mit einem beschämend und beleidigend kleinen Bestand. Als mein Vater sie übernahm, warf sie glaube ich einen Bruttoverdienst von kaum mehr als 2000 Mark ab. Meinem Vater blieb keine Wahl. Es war das oder gar nichts. Er krempelte die Ärmel hoch, lernte sich in kürzester Zeit ins Versicherungsgeschäft ein, in dem er ja im Grunde seit Jahrzehnten nicht mehr gearbeitet hatte, und wurde zum hart schuftenden Vertreter.

Es dauerte mehrere Jahre, bis er durch sein Neugeschäft wieder auf dem Einkommensniveau von vor zehn Jahren war, aber das Wunder war ein anderes: Die Arbeit machte ihm Spaß. Er liebte sie. Und alle seine Qualitäten fanden hier zum ersten Mal in seinem Berufsleben den Ort, an dem sie wirken konnten: seine Ehrlichkeit, sein Anstand, seine Vertrauenswürdigkeit, sein Einfallsreichtum, seine Diskretion. Und seine Schwächen, Risikobereitschaft, Entscheidungsschwäche und Unfähigkeit zum Teamwork, fielen nicht ins Gewicht, da er zwar in einem festen, vorgegebenen Rahmen, innerhalb dieses aber alleinverantwortlich arbeitete.

»Wenn ich das vorher gewusst hätte«, sagte er mir Jahre später, »dann wäre ich bereits mit 30 Generalagent geworden. Dann hätte ich, als ich in Rente ging, einen Riesenbestand gehabt und richtig Geld. Und ich hätte mich nie mit Mitarbeitern und Vorgesetzten rumärgern müssen. Weißt du, mir ist jetzt erst klar geworden, dass ich für die Arbeit, die ich zwischen meinem 14. und meinem 50. Jahr gemacht habe, nicht der Richtige war.«

Dazu fällt mir eine Anekdote aus seiner Lehrzeit bei der Allianz ein, die er mir einmal erzählte. Es muss dort wohl entweder zwei Kantinen oder zwei Speisekarten gegeben haben, eine für Prokuristen aufwärts und eine andere fürs Fußvolk mit deutlich schlechterem Angebot. Interessanterweise war der Preisunterschied aber gar nicht so hoch, vielleicht 30 Pfennig für ein Mittagessen bei den Angestellten und 90 bei den Direktoren. Jedenfalls sprach der Lehrjunge eines Mittags an der Herrenkantine vor und sagte, er sei gerne bereit, die 60 Pfennig Mehrkosten zu zahlen, um ebenfalls in den Genuss eines anständigen Essens zu kommen. Was genau passierte, weiß ich nicht mehr, auch nicht, ob es einen Vermerk in der Personalakte gab oder nur einen mündlichen Verweis. Man kennt die Sätze ja, die in Deutschland in solchen Fällen fallen: Wenn das jeder wollte. Sie kennen wohl nicht Ihren Platz und Ähnliches. Jedenfalls war mein Vater am Grenzzaun gewesen, hatte gesehen, wie morsch er war, hatte daran gerüttelt und einen Stromschlag bekommen, weil er die elektrischen Drähte übersah. Nicht zum letzten Mal.

Wenn das jeder wollte. De facto will es ja eben nicht jeder, sondern nur wenige Menschen. Wie oft habe ich diesen Satz selbst gehört. In der Überzeugung, einer der wenigen zu sein, die das wollen, was sie aus Gründen des jeweiligen Komments (aber nur aus solchen) nicht dürfen, bin ich meinem Vater sehr nahe.

Es war rasch klar, dass wir zum Begräbnis ein sehr kleiner Kreis sein würden. Am Ende bleibt dann doch nur die Familie. Und wer hätte auch kommen sollen? Freunde, junge oder alte, gab es nicht. Die Nachbarn aus Großhansdorf oder Herr Rydlewski oder Frau Burkhard – so weit ging deren Interesse dann doch nicht. Wer aufgrund der Entfernung entschuldigt war, aber wem ich dennoch gleich Bescheid sagte, das war meine französische Exfrau Pascale, die immer ein Tochter-Vater-Verhältnis zu meinem Vater gepflegt hatte.

Nachdem ich mit ihr telefoniert hatte, kamen die ganzen Erinnerungen hoch an die Besuche meiner Eltern in Frankreich und die gemeinsamen Tage, Abende und auch Diskussionen. Und mit einem Mal wurde mir klar, warum mich der Satz meines Vaters über die Warburgbank, mit deren Anlagen er so viel Geld verloren hatte seinerzeit, stutzig gemacht hatte.

Es hatte einmal als meine Eltern in Paris zu Besuch waren, einen peinlichen Moment gegeben, ein einziges Mal, dass Pascale wütend auf meinen Vater war. Es muss zu Weihnachten oder Ostern gewesen sein, Pascales Tante und deren Freund waren auch da.

Pascales Familie mütterlicherseits waren arme Landarbeiter in der Bretagne, und ihre Großmutter, bei der sie zum Teil aufwuchs, kam aus einem kleinen bretonischen Dorf in der Nähe von Saint Méen-le-Grand, dem Geburtsort des großen Radrennfahrers Louison Bobet. Während der Besatzung hatte die Familie bitter Hunger gelitten, weil die Deutschen den Großteil aller Lebensmittel requirierten oder in die Heimat schickten, die Großmutter hatte mir selbst noch vom traumatisierenden Lärm der schwarzen Schaftstiefel auf dem Pflaster des Dorfplatzes erzählt, und wie sie auf Händen und Knien die abgeernteten Rübenäcker nach übrig gebliebenem Essbaren umgrub. Als die Deutschen im Sommer 44 abzogen, banden sie Geiseln auf die Kühlerhauben der Lkws, um den

Beschuss durch Partisanen zu verhindern. Es müssen schlimme Jahre gewesen sein für arme Leute in den ohnehin armen Côtes-du-Nord.

Die Diskussionen zwischen mir und meinem Vater landeten ja regelmäßig, wie magnetisch angezogen, beim Krieg und der Nazizeit, und diesmal sagte er im Brustton der Überzeugung: »Naja, ihr Franzosen konntet euch ja nicht beschweren. Der größte Teil des Landes war ja freie Zone.«

Da stürmte Pascale aus dem Zimmer.

»Was hat sie denn? Was habe ich denn gesagt?«, fragte mein Vater in all der gekränkten Unschuld seiner vollkommenen Ahnungslosigkeit. Oder in seiner schuldhaften, auf den deutschen Kriegspropaganda-Nachrichten basierenden Geschichtssicht.

Wenn es einmal hart auf hart ging und auch mir der Kragen platzte, warf ich ihm gegen den Kopf: »Ich möchte, dass du mit deinen Tiraden einmal an den Falschen gerätst. An jemanden, der nicht so viel Verständnis hat wie ich und dich anzeigt wegen Nazipropaganda! Was du da erzählst, ist nämlich bei uns unter Strafe gestellt!«

Dann sah er mich mit offenem Mund an, aber wenn ich heute denke, mit welchem wohlfahrtsausschusshaftem Denunziationseifer mittlerweile überall und täglich vermeintliche Nazigesinnung an den Pranger gestellt wird, dann bin ich dankbar, dass mein Vater das nicht mehr miterleben musste. Manchmal kann der Tod auch ein Segen sein. Oder ein sicherer Ort. Allein bei dem Gedanken, dieser alte weiße Mann hätte zufälligerweise einmal mit einem solchen Blockwart des Antifaschismus geredet,

84

naiv und weltfremd, wie er nun einmal war – es wäre ihm auf seine alten Tage fürchterlich ergangen ...

Ich hatte meinem Vater einmal Golo Manns *Deutsche Geschichte* geschenkt, damit er die harschesten seiner Irrtümer korrigierte, ohne das Werk eines marxistischen Historikers lesen zu müssen, aber er hat das Buch nie geöffnet, wie er überhaupt von zwei, drei Krimis während der frühen Sommerurlaube abgesehen nie ein Buch geöffnet hat.

»Was soll ich das lesen? Ich war dabei. Die können mir vieles erzählen!«

Noch im letzten Jahr seines Lebens, überall wurde des 100. Jubiläums des Ausbruchs des Ersten Weltkriegs gedacht, diskutierten wir – oder besser: stritten wir uns wieder einmal. (Meine Frau und meine Mutter ertrugen dieses Geschrei am Abendbrottisch schon lange nicht mehr.) Ich argumentierte, dass während die Kriegsschuld von 1914 durchaus diskutiert werden könne, die Sache 1939 ja vollkommen eindeutig gewesen sei.

Mein Vater sah mich halb lauernd, halb überlegen an und sagte dann wieder mit einer todernsten Selbstgewissheit: »Naja, ganz so eindeutig doch wohl nicht ...«

»Wieso?«, brauste ich auf.

»Nun ja, es hieß doch in der Wochenschau ganz deutlich: Seit 5 Uhr 45 wird ZURÜCKgeschossen. Die Polen hatten uns jahrelang provoziert und die Deutschen in den von ihnen geschluckten Teilen des Landes unterdrückt ...«

Das Geschrei war natürlich groß, und ich brüllte meinen Vater wieder einmal an, dass ich ihm wünsche, mit diesem Gerede an den Falschen zu geraten, dann erwarte ihn ein Prozess, bei dem er den verdammten Rest seines Geldes verlieren würde, wenn nicht noch mehr.

Und mein Vater, der auch wusste, wie er mich provozieren konnte, setzte noch einen drauf.

»Das wäre wenigstens eine Gelegenheit, mal ein paar Wahrheiten aus eigener Erfahrung zu sagen ...«

Worauf ich hinauswill, das ist, dass bei solchen Gelegenheiten klar wurde, dass mein Vater, wenn es um deutsche Geschichte ging, auch noch im Jahre 2014 essentiell auf dem Stand der Goebbels-Propaganda war und dass er sich entweder nie die Mühe gemacht hatte, die Wahrheit zu erfahren oder aber, was schlimmer gewesen wäre, im Grunde seines Herzens sein ganzes Erwachsenenleben über geglaubt hatte, dass Deutschland großes Unrecht widerfahren war, womöglich dass das Land unter einem Fluch stand ...

Und als mir nach dem Telefonat mit Pascale diese Gedanken kamen, war mir auf einmal klar, warum mein Vater seine ausgezahlte Lebensversicherung bei der Warburg-Bank investiert hatte, anstatt bei der Sparkasse oder Volksbank, wo er seine Konten hatte:

»Ich dachte doch, *die* können mit Geld umgehen.« Er meinte die Juden.

Ich weiß nicht, ob es so gewesen ist, aber ich sehe den üblichen, sich besonders raffiniert dünkenden Gedankengang meines Vaters vor mir: der schachernde Jude. Die reichen Juden, die emigriert waren, die Juden, die überall die Finger drinhaben. Die Juden, die uns seit 1945 ein schlechtes Gewissen machen. Aber jetzt drehen wir den

Spieß mal um, und diesmal profitiere ich von dem, was sie so gut können: aus Dreck Gold machen. Diesmal müssen sie für mich Geld scheffeln.

Und so war es, könnte man schnöde sagen, letztlich der unpersönliche Antisemitismus, den er mit der Muttermilch aufgesogen hatte, der ihn seine Ersparnisse kostete.

Wir waren weniger als zehn Personen in der kleinen Friedhofskapelle, die den Abschiedsworten des Pastors lauschten. Es waren schöne Worte, mein Onkel bedankte sich hinterher per Handschlag bei dem pensionierten Pfarrer, der für diese Trauerfeier aus Heiligensee herübergekommen war, da die Frohnauer Pastorin irgendetwas anderes zu tun hatte. Es waren schöne Worte, die von mir stammten, deshalb hörte ich ihnen auch nicht weiter zu. Ich hatte dem Pfarrer zwei Stunden lang von meinem Vater erzählt, und er arrangierte das Material wirklich gekonnt. Nominell war mein Vater immer noch Mitglied der evangelischen Kirche, auch wenn er seit meiner Geburt nur ein einziges Mal in einem Gottesdienst gewesen war, irgendwann in Friedrichshafen zu Weihnachten in der Schlosskirche. Und obwohl er mit der Umwandlung der Kirche in eine Art sozialistischen Dritte-Welt-Laden nichts anfangen konnte, zahlte er bis zum Schluss brav seine Kirchensteuer und dachte nie an Austritt. »Die sollen austreten, wenn sie nicht mehr an den lieben Gott glauben«, sagte er. »Ich bleibe.« Aber einen Vermittler wollte er nicht, wir haben auch nie einen einzigen Satz über seinen oder meinen Glauben gesprochen. Dennoch erstaunte er mich einige Zeit vor seinem Tod mit seiner Absicht, eine kirchliche

Zeremonie zu bekommen, seine Überreste verbrennen zu lassen und dafür ein Urnengrab zu kaufen.

Irgendwann, noch in Großhansdorfer Zeiten, hatte er sich darüber mokiert, dass der Pastor bei einem neuen zahlenden Gemeindemitglied keinen Anstandsbesuch machte. »Es ist an denen, mich zu besuchen und zu begrüßen«, sagte er. Er sah die Kirchen als Dienstleistungsbetriebe der Seele. Der Gedanke an eine Gemeinde war ihm vollkommen fremd. Ihn sich als womöglich aktives Gemeindemitglied vorzustellen war ebenso absurd wie der Gedanke, er könne Gewerkschaftsmitglied sein.

Wenn ich es recht bedenke: Er hat in den Monaten, in denen er sich verurteilt wusste, nie ein Anzeichen von Angst oder Panik gezeigt. Keine Schweißausbrüche, keine Wut, keinerlei öffentliches Hadern. Jetzt wo er nun wirklich allen Grund gehabt hätte, mit seinem Schicksal zu hadern. Er war völlig ruhig und ausgeglichen, und es war keine stoische Ruhe. Vielleicht auch keine entspannte, aber doch – wie soll ich sagen? – eine Seelenruhe? Manchmal war er in sich gekehrter, stiller als sonst, wenn ich ihn besuchte. Schweigsamer, als horche er in sich hinein. Vielleicht war es ja sein Glaube an den lieben Gott, der ihm half. Ich habe ihn nicht danach gefragt.

Ich saß da in der Friedhofskapelle neben meiner Mutter und meiner Frau und versuchte vergeblich, die Realität der Situation irgendwie zu erfassen. Ich versuchte meinen Vater zu beschwören, der mir weder in der Urne noch in den Worten des Pastors zu sein schien. Meine Mutter, die emotional völlig ertaubt war, hatte schon vor Beginn der Zeremonie eine der Zitaten-Schallplatten aufgelegt, die später, während der Weiterentwicklung ihrer Demenz so häufig abgespielt wurden, und jedem, der ihr kondolierte und den sie nicht verstand, mit salbungsvoller Stimme geantwortet: »Sucht mich nicht hier ...« oder »Steht nicht an meinem Grab, ich bin nicht hier«. Wer weiß, wo sie das herhatte. Die Quellen, die ich befragt habe, zählen Rilke, Saint-Exupery und einen Indianer auf ...

Ich suchte ihn in seinen Frankfurter Ausdrücken. Wenn ich sie stumm vor mich hersagte, hörte ich seine Stimme: Ein Lippenherpes war eine ›Grindschnut‹. »Isch hab widder ne Grindschnut.«

Eine Wolldecke war eine ›Kolder‹. »Habt ihr die Kolder eingepackt?«

In verklebten Augenwinkeln hatte man einen ›Matzel‹. »Wart', isch mach dir den Matzel raus.«

Oder die Probleme beim Einkauf von Lebensmitteln. Wenn ich als Kind in eine schwäbische Bäckerei geschickt wurde, trug mir mein Vater auf, ›Wasserweck‹ und ›Milchbrötchen‹ zu holen, die ich nie irgendwo fand, mein Vater übrigens auch nicht. Wasserwecken, deren Zusammensetzung er aber auch nicht definieren konnte, gab es nirgends, und was immer ich für ein Milchbrötchen hielt, war für meinen Vater keins. »Nein, in Frankfurt sahen die ganz anders aus.« Vermutlich muss man während des Kriegs und danach in Frankfurt gelebt haben, um mit diesen Begriffen etwas anzufangen. Ähnliches Problem beim Metzger. Mein Vater: »Isch hätt gern drei Rippsche.« Dummfragendes Gesicht. »*Was* möchten Sie? Ach Kassler.« »Nein, kein Kassler, Rippsche. Rippsche sinn' Rippsche und Kassler sinn' Kassler, des eine is gepökelt, des annere ist geräuchert. Isch möscht Frankfurter Rippsche ...« Für mich als Kind immer peinliche Momente. Zum Glück hörten sie irgendwann auf, als Elfriedes letzter Mann, der als Zugbegleiter (eigentlich Schaffner) bei der Bahn arbeitete, jedes Mal, wenn er mit dem ICE nach Hamburg kam, meinem Vater, der dann am Bahnsteig wartete, eine Tüte Rippchen von daheim mitbrachte. Aber das war zu einer Zeit, als ich lange schon nicht mehr zu Hause lebte.

Und dann gab es noch, vor allem seit unsere Tochter begann, die Aussprache und Bedeutung unterschiedlichster Wörter zu lernen, den familiären Running Gag. Ich bat meinen Vater, einmal die Worte Teig, Teich und Deich zu sagen, und er erwiderte bereitwillig: »Deisch, Deisch, Deisch.«

Die einzigen Nichtfamilienmitglieder bei der Trauerfeier waren unsere ältesten Berliner Freunde. Nicht dass sie meinen Vater besonders gut gekannt hätten, für sie war es eine Frage der Freundes-Solidarität, hier bei uns zu sein. Natürlich war Friedrich gekommen, jetzt, 86-jährig, der letzte Überlebende der Geschwister. Elfriede war überraschend und schnell ein Jahr zuvor, 2013, gestorben, bei ihrer Tochter an der Weinstraße, zu der sie, schweren Herzens nach einem ganzen Leben dort Frankfurt verlassend, erst ein halbes Jahr zuvor gezogen war, weil sie mit ihren gesundheitlichen Problemen nicht mehr alleine bleiben konnte. Die sehr viel ältere Halbschwester Gerda war schon zu Beginn der Neunziger verstorben, und dass es da noch eine weitere Schwester gegeben hatte, Christa, erfuhr ich erst sehr spät. Mein Vater hatte immer abgestritten, eine weitere Halbschwester gehabt zu haben. Als

Elfriede und auch Friedrich mir von Christas Existenz erzählten, die offenbar mit Anfang 20 gegen das Kriegsende gestorben war, schüttelte mein Vater immer noch den Kopf. »Nee, ich kann mich an keine Schwester erinnern. Glaub mir, ich habe sonst keine Schwester gehabt.« Es war unglaublich. Umso mehr als meine Mutter dann (aber erst dann) erzählte, wie sie kurz nach ihrer Heirat, als das frischgebackene Ehepaar ein Zimmer in der kleinen Wohnung in der Werftstraße bei meiner Großmutter bewohnte, auf deren Nachttisch das gerahmte Foto eines blonden Mädchens gesehen und nachgefragt hatte: »Ja, das war meine Tochter. Aber die ist tot.« Das war alles. Auch mir gegenüber erwähnte Oma diese Christa nie.

Sabine, Elfriedes Tochter, und ihr zweiter Mann waren da, sowie Sabines Tochter aus erster Ehe. Und Friedrich wurde von seiner langjährigen Lebensgefährtin Marlies begleitet. Seine Frau Anne hatte sich entschuldigen lassen, sie war gesundheitlich nicht mehr in der Lage zu reisen.

Ich hatte mit dem Gedanken gespielt, meinem Vater den Holzhasen, den ich gefunden hatte, mit in den Sarg zu legen und mit ihm zu verbrennen, aber dann habe ich ihn doch behalten. Er steckte in meiner Jackentasche, und als wir über den parkartigen Friedhof zu dem ausgehobenen Urnengrab gingen, hatte ich meine Hand in die Tasche gesteckt und um das Holz geschlossen.

3. Kapitel

Familienaufstellung

Meine Mutter erzählte: »Wenn wir im Ruderclub im Club-
haus saßen, dann klingelte manchmal das Telefon, und
dann sagte die Wirtin: ›Ei, die Kleebergs kommen auch
gleich.‹ Und da hab ich dann immer zu meiner Freundin
gesagt: Dann gehe ich!«

Was sie aber offenbar nie tat, denn der Frankfurter Ruderclub von 1884 im Rudererdorf nahe der Gerbermühle
wurde zum Eheanbahnungsinstitut meiner Eltern.

Die Kleebergs, das waren mein Onkel und mein Vater,
Friedrich und Werner, zwei damals im Jahr 1952 offenbar
unzertrennliche, mit ihrem schwarzen Haar, ihren weißen
Hemden blendend aussehende 20-jährige Modellathle-
ten. Mein Vater maß 1,83 m, mein Onkel sogar 1,85, womit
sie deutlich größer waren damals als der Durchschnitt.
Mein Vater ruderte im Vierer (ohne Friedrich) und hat
mir sein Leben lang beteuert, dass ihr Boot schnell genug
war, um sich bei den Deutschen Meisterschaften 1952 als
Starter für die Olympischen Spiele in Helsinki durchzusetzen. Was Friedrich mir auch noch vor wenigen Jahren
auf Nachfrage bestätigte: »Sie waren wirklich schnell, sie
haben, was das Wichtigste ist, sehr gut harmoniert, und

man konnte ja die Zeiten der Regatten vergleichen, sie hätten eine reelle Chance gehabt.«

Natürlich hatte mein Vater auf den Fotos von damals, die ihn mit nacktem Oberkörper zeigen, keine solch definierte Muskulatur wie die Fitnessstudio-Generation von heute, aber er muss in Form gewesen sein und erzählte stolz, sein Lungeninhalt habe zu seiner aktiven Zeit siebeneinhalb Liter betragen. Und zum Beweis, nicht übertrieben zu haben, nahm er einen Luftballon, atmete tief ein und blies die Luft dann in den Ballon, bis er mit einem lauten Knall platzte.

Im Gegensatz zu meinem Vater, der nach dem Unfall vom Frühjahr 1952 mit kompliziertem Armbruch nach einem Sturz beim Herumalbern, der die Olympiateilnahme vereitelte, aber die Verlobung mit meiner Mutter beschleunigte, nie mehr auch nur eine Sekunde Sport trieb, blieb Friedrich sein Leben lang ein Sportler. Er spielte neben dem Rudern jahrelang Rugby in der ersten Mannschaft der Eintracht und war dann noch weitere zehn Jahre Schiedsrichter, um mit Mitte 40 Tennis für sich zu entdecken und auch noch 20 Jahre lang zu spielen.

1952 also zwei sehr gutaussehende junge Männer mit Manieren, schick gekleidet – meine Mutter erinnerte sich, dass ihre zukünftige Schwiegermutter ihr bei einem der ersten Treffen stolz erzählte, dass ihr Friedrich sich jetzt wieder Seidenhemden gekauft hatte –, Friedrich muss derjenige gewesen sein, der das große Wort führte (meine Mutter ärgerte sich noch Jahrzehnte später bei jedem Familientreffen, wenn mein Vater verstummte und bewundernd den großen Bruder anstarrte, wenn Friedrich zu seinen Lebenskenntnis-Suaden ausholte), mein Vater wohl eher der Typus ›bester Freund‹, Friedrich war ein großer Flirter und Frauenheld, beide versierte Tänzer, der eine arbeitete als Versicherungskaufmann für die Allianz, der andere muss zu dieser Zeit schon seine nach der Dreher- und Werkzeugmacher-Lehre draufgesattelte Industriemeister-Ausbildung beendet haben (alles im Abendstudium nach einer 48-Stunden-Woche) – und doch: Meine Mutter wollte instinktiv lieber weg, wenn die Kleebergs kamen. Warum?

Sie ging damals noch zur Schule, aufs Gymnasium, die Herderschule nahe dem Zoo, wo sie 1952 Abitur machte. Sie war extrem behütet, extrem unschuldig, und obwohl man nun weiß Gott nicht behaupten kann, dass sie aus bürgerlichen Verhältnissen kam, muss sie – sie deutete einmal so etwas an, beim ersten Kontakt mit den Kleeberg'schen Familienverhältnissen das Gefühl gehabt haben, hier sei Unterschicht. Und zwar nicht etwa Arbeiterklasse, sondern echte Unterschicht am Rande der Asozialität. Vielleicht war es der Kontrast zwischen dem Glamourauftritt der beiden Brüder und den Verhältnissen, aus denen sie kamen, der meine Mutter unsicher oder misstrauisch machte.

Ihre eigene Mutter, eine Bäckerstochter aus dem oberhessischen Lindheim, war, sobald sie konnte, von zu Hause geflohen und arbeitete in Hamburg auf der Reeperbahn in einem allerdings gutbürgerlichen Café als Serviererin. Dort lernte sie meinen Großvater kennen. Der kam aus Magdeburg, war vom Jahrgang 1899, hatte den Flandernfeldzug mitgemacht, war als 18-Jähriger schwer verwundet worden und hatte nur mit viel Glück überlebt, weil er in derjenigen von zwei Lazarettbaracken lag, die nicht von einer Bombe getroffen wurde. Er muss dann in den Zwanzigerjahren wohl viele Jobs gehabt haben, Chauffeur, Polizist, Vertreter, lebte mal in Berlin in der Rosenthaler Straße, dann in Hamburg am Grindelhof, arbeitete aber nie in seinem verhassten Lehrberuf als Klempner. Die beiden führten fast zehn Jahre lang eine wilde Ehe, ein wenig ›Boheme mit Mimi‹, glaube ich, und als mitten in der Wirtschaftskrise 1931 dem noch unverheirateten Paar meine Mutter geboren wurde, schickten sie sie nach wenigen Monaten nach Lindheim, wo sie die ersten vier Jahre bei ihrer Tante aufwuchs, der älteren Schwester meiner Großmutter. Die wollte oder musste weiterarbeiten. Erst als mein Großvater nach der Hitler'schen Machtergreifung der Arbeitslosigkeit entkam und wieder einen festen Job fand, kehrten sie nach Frankfurt zurück. Meine Mutter hat oft erzählt, wie sie die ersten Wochen ihre ihr völlig entfremdete Mutter siezte, wenn sie vom Spielen auf dem Hof in der Merianstraße zum Essen gerufen wurde. Ihre Kriegserfahrungen und Traumatisierungen ergäben ein eigenes Buch – ich weiß noch, wie es mir Anfang der Sechziger in Friedrichshafen jedes Mal zur Mittagszeit kalt den Rücken hinunterlief, wenn die pilzförmige Sirene auf dem Flachdach eines benachbarten Wohnblocks ihr ohrenbetäubendes Heulen von sich gab – so intensiv hatten die Bombenalarm- und Luftschutzkeller-Erzählungen meiner Mutter auf mich gewirkt.

»Kommt jetzt ein Bombenangriff?«, fragte ich halb

panisch halb gespannt, aber es war nur die Zwölf-Uhr-Sirene.

Dann muss es aber recht (klein)bürgerlich geordnet und gesittet zugegangen sein, wohl auch liebevoll, jedenfalls so, dass meine Mutter ein deutliches Sozialgefälle zwischen ihrer Familie und den Kleebergs wahrnahm.

Da war die kleine Wohnung über einer Kneipe in der Werftstraße 18, Ecke Gutleut, schon immer keine gute Gegend Frankfurts, wohin die Familie nach der Ausbombung in der Alten Mainzer Gasse 34 gezogen war, und der permanente Lärm der ein- und ausfahrenden Militärlaster in der von den Amerikanern requirierten Gutleutkaserne gegenüber. Meine Großmutter ließ offenbar die dünkelhafte Mutter ihrer beiden aufs Postament gestellten Söhne raushängen und spielte absurderweise (als Geschiedene und Im-Stich-Gelassene) das Kleeberg-Spiel ›Wir sind was Besseres‹. Der krasse Gegensatz zwischen dieser Selbstinszenierung und den Komfort-, Hygiene- und Geldverhältnissen konnte meiner Mutter natürlich nicht entgehen.

Ich habe Martha ja immer nur als liebevolle Oma erlebt, aber wen sie nicht liebte, ohne offenbar ein Hehl daraus zu machen, das war ihre jüngste Tochter Elfriede (bzw. keine ihrer Töchter). Ich glaube, meine Mutter hat einmal gesagt, Elfriede sei ihr als eine »Schlumpel« erschienen, eine Frankfurter diminutive Verballhornung von Schlampe. Und das sowohl ihres Aussehens als auch ihres Lebenswandels wegen. Elfriede muss, als meine Mutter erste Kontakte zu den Kleebergs begann, hochschwanger gewesen sein. Ihre Tochter Sabine erzählte mir: »Der

Schmitz hat sie ja schon in der Schule abgegriffen. Und sie bekam den Helmut zwei Tage nach ihrem 17. Geburtstag. Das heißt, der Kerl hat sie geschwängert, als sie sechzehn war.«

Sie heiratete diesen Schmitz dann nolens volens mit Sondergenehmigung und wurde wenige Monate nach der Geburt ihres Sohnes wieder von ihm geschieden. Schmitz nahm seinen Sohn mit zurück zu seiner Mutter in die DDR, und Elfriede verkehrte danach mit Amerikanern und hing gerne in Jazzclubs ab. (Ihre Interpretation der Geschichte war, dass sie um jeden Preis ihrer Mutter, die sie schlecht behandelte und schon im Krieg zur Verwandtschaft geschickt hatte, und ihren beiden dominanten Brüdern entkommen wollte, die sich anmaßten, Vaterautorität an ihr wahrzunehmen und die Komödie wohlanständiger und prüder Bürgerlichkeit aufführten.)

Von einem Besatzungssoldaten bekam sie 1954 ihr zweites Kind, Sabine, mit 19 wohlgemerkt. Der heiratete sie natürlich nicht, weil er in den USA bereits verheiratet war, und verschwand dann auch rasch und noch vor der Geburt von der Bildfläche. Ich habe in alten Papieren eine Anfrage meiner Großmutter an die Amerikaner entdeckt, die mit einer Kopie der Heimatverschickungsliste beantwortet wurde, auf der auch jener Private Edgar Sowieso stand.

Elfriede, zwanzigjährig und zweifache Mutter, die es aber zur gleichen Zeit offensichtlich auch schaffte, eine Lehre bei der Dresdner Bank zu beenden, begann dann irgendwann die Beziehung zu Egon, einem Kraftfahrer aus einer Zigeunerfamilie. Den störte das uneheliche Kind nicht, und einige Jahre später adoptierte er Sabine auch offiziell.

Elfriede mit dickem Bauch und ihrem Schandmaul, die sich von ihren Brüdern, die sich ihrer natürlich schämten wie eines Dreckflecks auf ihren weißen Seidenhemden, nichts sagen ließ und lautstark Kontra gab, muss meiner Mutter wie der blanke Horror erschienen sein.

Und dann gab es da noch Gerda. Meine Mutter erzählte, wie sie, wenn sie mit meinem Vater oder beiden Brüdern auf der Straße war, von einer Frau Anfang dreißig gegrüßt wurden und die Männer ihr peinlich berührt zunickten. Auf ihre Frage, wer das denn gewesen sei, sagten sie: »Ach so eine entfernte Tante.« Ich glaube, mein Vater rückte erst nach der Verlobung mit der Wahrheit raus, dass Gerda eben die Halbschwester der anderen drei war, 1919 unehelich geboren und sofort nach Pfieffe zu den Eltern meiner Großmutter abgeschoben.

Gerda also und das Foto der bereits verstorbenen, ebenfalls unehelichen Christa, deren Existenz mein Vater bis zu seinem Tode leugnete, und natürlich die Tatsache, dass es keinen Herrn Kleeberg senior gab, und das nicht etwa, weil er gefallen oder in Gefangenschaft war, sondern weil er die Familie schon 1937 oder 38 verlassen hatte.

Es gab also einige Gründe, zögerlich zu sein, aber meine Mutter war es dann letztlich ja doch nicht, wobei sie ihr Leben lang weder mit ihrer Schwiegermutter noch mit ihren Schwägerinnen richtig warm und herzlich wurde und sich ihnen immer sozial überlegen fühlte, was sie mir auch einimpfte. In den letzten Jahren nach dem Tod meines Vaters und bevor sie vollständig ihr Gedächtnis verlor, sagte sie dann auch noch mehrmals aus den Schleiern ihrer Demenz heraus, sie hätte damals besser jemand anderen genommen, mein Vater sei doch eigentlich nichts für sie gewesen. Elfriede und Gerda (die wir allerdings viel weniger sahen) blieben die armen Verwandten, die es nicht so recht geschafft hatten und die einem peinlich waren.

Aber ich muss weiter vorne anfangen, viel weiter vorne, um Licht in die tragikomischen Familienverhältnisse zu bringen, die in meiner Kindheit eine verdrängte, beschönigte, glorifizierte, verleugnete Altlast bildeten, jedenfalls etwas, das in absurdestem Gegensatz zu dem Bild stand, das unsere Kleinfamilie von sich hatte und das sie darstellen und vermitteln wollte.

In vielerlei Hinsicht spielten mein Vater und Friedrich ihr Leben lang das Schauspiel zweier Männer, die sich selbst erfunden hatten, sozusagen wie Athene aus dem Haupt der glorreichen Familie Kleeberg gesprungen waren und nun fertig dastanden, proper, adrett, gutbürgerlich, erfolgreich und ohne Schatten der Vergangenheit.

Ich muss achtgeben, mich bei dieser Reise in die Vergangenheit nicht ausschließlich auf die Kleeberg'sche Linie zu konzentrieren, das hieße noch im Nachhinein auf die Konstruktion meines Vaters und meines Onkels hereinzufallen. Denn ich bin ja selbst ein Produkt (und Opfer) dieses völlig irrsinnigen »Wir sind die Kleeberge«, das die beiden Brüder immer wie ein Adelsprädikat vor sich hertrugen. Elfriede bezeichnenderweise nie. »Es war eine Scheißfamilie«, sagte die immer. Meine Mutter dagegen war offenbar irgendwann zu dieser absurden Klee-berg-Religion bekehrt worden. Sie besaß aus ihrer Zeit bei den Amerikanern zahlreiche Zeitungsausschnitte aus den *Stars & Stripes*, der amerikanischen Militärzei-tung, und aus der *Saturday Evening Post*, aus der sie mir unter anderem die *Peanuts* zu lesen gab (und übersetzte). Aber irgendwo gab es dort auch einen Artikel über die te-xanische King Ranch. Stolz zeigte sie mir die Bildunter-schriften, aus denen hervorging, dass diese zweitgrößte texanische Ranch, größer als das Saarland, einer Familie Kleberg gehörte. »Das eine E«, erklärte sie mir, »haben sie weggelassen, damit die Aussprache unseres Namens gleich bleibt. Mit den zwei E würde es ›Klieberg‹ ausge-sprochen werden. Aber über ein paar Ecken sind die mit uns verwandt. Leider wissen sie es nicht. Aber wenns uns mal ganz schlecht geht, können wir da hin und um ein bisschen Geld bitten. Das sind nämlich Milliardäre!«

Was bei mir ankam, war, dass wir Milliardäre in der Verwandtschaft hatten, und so wie ich mich kenne, habe ich garantiert am Sandkasten damit geprahlt.

Mein Vater hatte 1973 einen pensionierten sächsischen Pfarrer beauftragt, die Familiengenealogie zu erstellen und ihn mit den damals üblichen Kaffeepaketen bezahlt. Daher wusste ich, dass unsere Familie aus Sachsen kommt, wo ihre Chronologie seit 1460 lückenlos nachweisbar ist, »eine Spitzenleistung für bäuerliche Familien«, wie uns jener Herr Gleisberg schrieb. Das machte meinen Vater sehr stolz, der aber immer, halb im Ernst, darauf beharrte, dass man irgendwie und irgendwann auch noch das Missing Link zwischen den Grafen Kleeberg und jenem

Urvater Abraham finden müsse und werde, das unsere adelige Herkunft beglaubigen würde.

Die Geschichte dieser Kleebergschen Bauern aus Großweitzschen in Sachsen ist so, wie sie in den alten Kirchenbüchern überliefert ist, tatsächlich ein faszinierend zu lesendes, der jeweiligen Großwetterlage geschuldetes ewiges Auf und Ab. Dreißigjähriger Krieg, Siebenjähriger Krieg, Napoleonische und Befreiungskriege, Brandschatzungen, Requirierungen, Hungersnöte, Missernten beendeten jeweils den Aufstieg des Bauern- zum Gutshof. Und danach wurde wieder bei null begonnen.

Dann aber gab es eine lange Friedensperiode im 19. Jahrhundert, und die Geschäfte florierten offenbar so gut, dass in der zweiten Hälfte des Jahrhunderts zehn Brüder studieren konnten. Darunter mein Urgroßvater Friedrich-Wilhelm, 1856 geboren. Er studierte Pharmazie und führte eine große Drogerie in Steinach in Thüringen. Er war zweimal verheiratet, und die Familienlegende besagt, dass er den Großteil seines Vermögens verlor, weil er auf den Erfolg von Petroleum spekulierte und nicht an Elektrizität glaubte. Tatsache ist jedenfalls, dass für seinen Sohn Friedrich, eines von fünf Kindern aus der zweiten Ehe, kein Geld zum Studieren mehr da war, wogegen die zwei überlebenden von vier Söhnen aus der ersten Ehe noch eine akademische Ausbildung bekamen.

Sehr viel weiß ich nicht von meinem Großvater, der 1895 geboren wurde und ein Jahr vor meiner Geburt gestorben ist. Er war Frontsoldat im Ersten Weltkrieg. Wir haben ein Foto auf der Vorderseite einer Feldpostkarte von 1917, die er aus Warschau an seinen Vater schrieb, Muske tier Friedrich Kleeberg. Er hat das Käppi leicht schräg auf dem Kopf sitzen, trägt einen langen offenen Staubmantel, hält in der einen Hand lässig die Zigarette und erinnert mit seinem Menjou-Bärtchen entfernt an Errol Flynn. Ein gutaussehender 23-Jähriger. Er lernte Versicherungskaufmann und hatte zur Zeit der Geburt meines Vaters eine gut dotierte leitende Stelle bei einer Genossenschaftsversicherung. Er war ein Säufer und wurde gewalttätig, wenn betrunken. Mein Vater erzählte, nicht ganz ohne Stolz, dass sein Vater abendlich 20 Halbe Bier trank und zahlreiche Schnäpse. Danach verprügelte er mit Vorliebe seinen ältesten Sohn Friedrich. Laut Familienüberlieferung, von meinem Vater wie von Friedrich bestätigt, war er ein ›Alter Kämpfer‹, also ein Nazi von vor 1933. Er habe sogar die Frankfurter Ortsgruppe mitbegründet, angeblich noch vor Hitlers Verhaftung.

Ich habe vor Kurzem einmal im Bundesarchiv nachgefragt, und da klingt es anders: Eintritt in die NSDAP 1933 als sogenannter ›Märzgefallener‹, Entlassung aus der Partei 1939 wegen wiederholter und dauernder Nichtzahlung der Mitgliedsbeiträge.

Dennoch scheint er irgendeine Protektion genossen oder irgendwelchen Einfluss gehabt zu haben. Denn anders als mein anderer Großvater, der in zwei Weltkriegen Frontsoldat sein musste, wurde er 1939 nicht eingezogen. Soweit ich weiß, kam er den ganzen Krieg über nicht an die Front, oder doch nur sehr kurz.

Mein Vater erzählte mir oft und nicht ganz ohne Stolz und Genugtuung folgende Geschichte: Im Frühjahr 1945, der Krieg war entweder schon vorbei oder wenige Tage vor seinem Ende, stand er vor dem Sachbearbeiter des Arbeitsamts und sagte ihm, er habe sich bereits selbstständig mit der Allianz auf eine Lehrstelle geeinigt. Der Beamte wollte davon nichts wissen und beharrte stattdessen darauf, meinen Vater als Jungboten zur Post zu bringen. »Da hab ich ihm mit meinem Vater gedroht in meiner Verzweiflung, obwohl ich den ja seit Jahren nicht mehr gesehen hatte. Mein Vater ist Alter Kämpfer, hab ich ihm gesagt, und wenn ich meine Lehrstelle nicht kriege, dann sage ich ihm Bescheid, und dann kümmert er sich persönlich darum.«

Die Drohung funktionierte, und das Verrückteste an der Story ist, dass man einem deutschen Beamten offenbar auch noch im Frühjahr 45 mit den Verbindungen eines alten Nazis drohen konnte. Aber die Geschichte hörte sich immer so an, als habe allein die Nennung des Namens (Kleeberg!) schon genügt.

Jedenfalls kann es, da sich mein Vater so etwas nie aus den Fingern gesaugt hätte, ganz so eindeutig nicht gewesen sein, wie es die Akten des Bundesarchivs erscheinen lassen. Kleine Konsequenz am Rande: Natürlich wuchs ich als Kind mit dem Gedanken auf, dass so ein Alter Kämpfer, mit dem man dumme Beamte verängstigen konnte, eher etwas zum Stolzsein als zum Schämen war. Wie es ja überhaupt in den Erinnerungen meines Vaters an jene Epoche nie etwas zum Schämen gab.

Dazu fällt mir ein: Meine Großmutter war vom selben Jahrgang wie Goebbels, 1897. Göring war zwei Jahre älter als mein Großvater Kleeberg. Himmler ein Jahr älter als der Großvater Reinhardt und Hitler genau zehn Jahre älter. Es war *eine* Generation. Was man sich heute vergegenwärtigen muss: Es war die junge Generation der Frontkämpfer von 14 bis 18, diese traumatisierten, enttäuschten, entwurzelten Menschen, die dann 1933 ihre erfolgreiche Jungmännerrevolution durchführte und – so muss es die Altersgruppe meiner Großeltern gesehen haben – die alten Zöpfe hinwegfegte. Ich kann nicht anders als zu glauben, dass viel von der Zustimmung, die die Nazis anfangs hatten, aus diesem Gefühl kam: Das sind Leute meines Jahrgangs, die mich verstehen und die die gleichen Dinge erlebt haben wie ich. So kann Generationensolidarität in die Irre führen.

Friedrich Kleeberg also heiratete meine Großmutter Martha Krück 1926. Nicht etwa, weil Friedrich, der Sohn, der nach seinem Vater hieß, bereits unterwegs gewesen wäre. Beide waren sie für damalige Verhältnisse nicht mehr jung, er 31, sie 29. Wie sie sich kennengelernt haben, darüber weiß ich nichts, das heißt, davon wurde in der Familie nie erzählt. Offenbar war es schon seine zweite Ehe – von der ersten ist nichts bekannt, danach folgten noch zwei weitere. Und wieweit der geschiedene Kleeberg über die zwei unehelichen Kinder seiner Frau unterrichtet war, weiß ich auch nicht. Es würde mich nicht wundern, wenn Martha versucht hätte, das zu verheimlichen, aber so leicht geht das ja nicht.

Von der Familie meiner Großmutter weiß ich ebenfalls so gut wie nichts, wir hatten nie irgendeinen Kontakt zu ihr. Wenn ich es recht erinnere, war ihr Vater Ziegelmeister in oder bei Pfieffe, das heute zu Spangenberg gehört, in Nordhessen. Sie hatte mehrere Geschwister. Sie wurde wohl als Vierzehnjährige nach der Schule als Dienstmädchen zu Herrschaften geschickt. Sie erzählte selbst einmal, dass sie in Bad Homburg als junges winkendes Mädchen den Kaiser habe vorüberfahren sehen. Irgendwann wurde sie von einem Bauern vergewaltigt. Sie erklärte, und Sabine und ich, die wir damals in der Pubertät waren, amüsierten uns köstlich, sie habe nicht gewusst, was und wie ihr da geschah. Offenbar wiederholte sich das einige Zeit später, wobei Sabine mit ihrem von ihrer Mutter geerbten ›bösen Maul‹ kommentierte: »Das erste Mal will ich ja noch glauben, dass sie nicht wusste, was da passierte, aber das zweite?«

Ich erinnere mich dunkel, dass auch Elfriede wohl eher der Meinung war, es müsse ihr Spaß gemacht haben, mit Männern im Heu zu liegen. Ob aber Gerda und später die ominöse Christa die Früchte dieser vermeintlichen Vergewaltigungen waren, ist nicht klar. Eher nicht, denn die eine wurde 1918, die andere 1919 oder 20 gezeugt, und da war meine Großmutter definitiv aus dem Unschuldsalter raus.

Aber weder Gerda noch Christa blieben bei ihrer Mutter. Beide wuchsen bei ihren Großeltern in Pfieffe auf, die nicht gut auf ihre Tochter Martha zu sprechen waren. Das erzählte mir wiederum Sabine, die, anders als wir, die wir diese Familie nie sahen, offenbar mehrmals mit ihrer Mutter bei der Familie Marthas zu Besuch war.

Dieses Stochern im Nebel ist für unsere Familie insofern typisch, als die Pfieffener eben keine Kleebergs waren und insofern offenbar weder der Erwähnung noch irgendeines Kontaktversuches würdig. Wobei das nicht ganz

stimmt: Auch zu den Kleebergs in der DDR, den Groß-
cousins, unterhielten meine Eltern nur lockere briefliche
Verbindungen. Es war ganz einfach so, dass »Familie« nur
wir waren, und ein Interesse an den anderen bestand bei
meinem Vater schlicht nicht.

Noch einmal zu Christa. Kurz nachdem ich von ihrer
Existenz erfahren hatte und mein Vater achselzuckend
sagte: »Ich soll noch eine Schwester gehabt haben? Da
weiß ich nichts von. Nein, das kann nicht sein ...«, fragte
ich Friedrich, und der geriet ins Schwärmen: Ja natürlich
erinnere er sich, Christa sei ein außergewöhnliches schö-
nes Mädchen gewesen, nur eben mit Anfang 20 schon
schwer krank und gestorben.

Nun ist es zwar so, dass mein Vater sich nie an Namen
und kaum an die dazugehörigen Menschen erinnerte,
aber den Namen seines Nachbarn 20 Jahre lang falsch
auszusprechen, weil der Mensch einen nicht interessiert,
ist das eine. Den Namen und sogar die Existenz seiner
eigenen Schwester nicht zu kennen, ist etwas ganz anderes und Ungeheuerliches. Ich glaube nicht einmal, dass
er sie bewusst verleugnete. Sie war wirklich ausradiert.
Aber wie das möglich war, woher dieses offensichtliche
tiefliegende Desinteresse meines Vaters an den meisten
Menschen kam, das ist und bleibt eines der Rätsel um
seine Person, die sich nicht mehr werden lösen lassen.

Tatsache scheint zu sein, dass meine Großmutter, die
ihre beiden Söhne vergötterte, von all ihren Töchtern
nicht viel gehalten haben kann und sie herzlos behandelte. Genau wird man nie erfahren, was geschah, ob sie
Gerda und Christa aufgrund ihrer Entstehungsgeschichte

verachtete und weil sie sich selbst verachtete, ob sie so prekär lebte, dass sie tatsächlich keine Möglichkeit hatte, sich um die beiden zu kümmern und sie aus purer Not zu den Eltern geben musste. Dagegen spricht, dass sie auch die eheliche Elfriede nicht liebte. (Und dagegen spricht auch, dass sie in den ersten Jahren der finanziell abgesicherten Ehe mit Kleeberg die damals etwa achtjährige Gerda und die vielleicht sechs- oder siebenjährige Christa ja auch hätte zu sich nehmen können, wenn sie gewollt hätte.) Die Abneigung gegen Elfriede entstand aber vielleicht, weil die der Anlass für ihren Mann war, sich aus dem Staub zu machen. Jedenfalls, während weder Friedrich noch mein Vater etwas auf ihre »Mutti« kommen ließen und auf jede Kritik an ihr extrem scharf reagierten, sprach Elfriede recht schnöde von ihr. Ironischerweise war es aber eben auch Elfriede, bei der meine Großmutter in den Sechzigern viele Jahre lang (beengt, in einem Zimmer mit Sabine) lebte.

Anne, Friedrichs Frau, hatte sofort nach der Heirat unmissverständlich klargemacht, dass ihre Schwiegermutter nicht bei ihr leben würde, und später, 1964, als Friedrich das Haus in Mainflingen gebaut hatte, zogen Annes Eltern in die Einliegerwohnung, nicht etwa meine Großmutter. Bevor sie zu Elfriede ging, hatte es wohl einen zweimonatigen Versuch bei uns gegeben.

Meine Eltern waren, als meine Mutter schwanger mit mir war, Anfang 1959 aus ihrer Zweizimmerwohnung in Stuttgart in ein Kaff namens Nellmersbach umgezogen, an das ich keine Erinnerungen habe. Dort hatte sich eine postbäuerliche schwäbische Familie namens Fritz ein

Haus gebaut, dessen Erdgeschoss mit Zugang zu den Gemüsebeeten (Garten in dem Sinne gab es nicht, das wäre Platzverschwendung gewesen) meine Eltern bewohnten. Und dort zog nun, ich weiß nicht, ob von Anfang an, meine Großmutter mit ein. Es gab dann wohl recht bald eine Szene, die mir meine Mutter so beschrieb: Meine Großmutter, die nichts zu tun hatte, gab vor Frau Fritz mit einer Perlenkette an, die mein Vater wohl gerade meiner Mutter geschenkt hatte. Sie gab ja gerne mit dem Luxuskonsum ihrer Söhne an. Daraufhin stellte Frau Fritz bei nächster Gelegenheit als typische schwäbische Hausfrau meine Mutter zur Rede: Wenn sie sich eine Perlenkette leisten könne, dann könne sie sich wohl auch eine Waschmaschine leisten, anstatt die der Eigentümer mitzubenutzen. Worauf wiederum meine Mutter ihre Schwiegermutter höflich bat, die Klappe zu halten. Und am nächsten Tag war Martha (»wenn man mich hier nicht will«) mit fliegenden Fahnen und dampfend vor Empörung ausgezogen, ging zurück nach Frankfurt und klingelte mit Sack und Pack bei ihrer Tochter, die, wie sie später einmal lachend erzählte, überglücklich war.

Zurück in die späten Zwanziger. Martha arbeitete, als Kaltmamsell glaube ich, in einem russischen Restaurant. Mein Großvater war über Coburg, wo er gelebt hatte, irgendwie in Frankfurt gelandet und hatte eine gute und einträgliche Stelle bei einer Versicherung.

Vielleicht war es ja der Sex, der meine Großeltern zusammenbrachte, es klingt zwar absurd, und ich habe mich auch nie getraut, meinem Vater oder Onkel gegenüber das Wort Sex und das Wort Oma oder ›Mutti‹ zusammenzubringen, aber ganz auszuschließen ist es nicht. Mein Großvater muss damals noch gut ausgesehen haben. Erst auf den späteren, den Nachkriegsfotos, die wir in den 70er-Jahren, als wir sie kennenlernten, von seiner letzten Frau bekamen, ›Tante‹ Alice, die in Soltau lebte, wo auch er verstorben ist, sah man die Verwüstungen. Eines ist in einer Kneipe aufgenommen und zeigt einen aufgedunsenen Trinker mit schütterem Haar und glasigem Blick vor einem Bierhumpen. Die basedowschen Augen quellen aus dem Kopf, der Mann sieht 15 Jahre älter aus als die knapp 60, die er auf dem Foto gewesen sein kann, ein wenig wie eine der Zeichnungen von George Grosz.

Im Oktober 1928 wurde Friedrich geboren, im Januar 1931 mein Vater, 1935 Elfriede, 1937 oder 38 erfolgte die Trennung. In dieser Zeit – und weder mein Vater noch Friedrich haben je Details erwähnt, lebte die Familie gutbürgerlich oder besser kleinbürgerlich, aber offenbar komfortabel und ohne die geringsten Geldsorgen in einer angemessenen Wohnung in der Berger Straße. Die einzigen Erinnerungen an diese Jahre, die die Brüder haben, ist die an die Gewaltausbrüche ihres Vaters, nachdem er getrunken hatte, die sich gegen Friedrich richteten, und dass mein Vater, der wohl nie Prügel von ihm erhielt und zu dem er zärtlich war, sich vor seinen älteren Bruder stellte, um ihn zu schützen. »Net den armen Friedrisch haun!«

Friedrich selbst erzählte, dass er wie ein geschlagener Hund lebte als Kind, ständig geduckt und in Furcht vor dem Vater. Es muss auch wohl die einzige Zeit gewesen sein, in der mein Vater das stabilere Selbstbewusstsein hatte. Später, nach dem Krieg, war Friedrich befreit, und die Altershierarchie wurde nie infrage gestellt.

In diesen Jahren verbrachte mein Vater sechs Wochen im Krankenhaus mit einer schweren Diphtherie. Das war damals noch eine absolut lebensbedrohliche Erkrankung, und für einen sechs- oder siebenjährigen Jungen muss es eine traumatische Erfahrung gewesen sein, alleine dort im Saal im Halbdämmer zu liegen. (Später im KLV-Lager litt er an einer Mittelohrentzündung, die niemand behandelte und die durcheiterte und ihm das Trommelfell sprengte. Mein Vater kannte sich aus mit dem Allein- und Verlassensein.) Irgendwann in dieser Zeit erhielt er Besuch von seinem Vater (gab es tatsächlich nur diesen einen?), der sich von ihm verabschiedete und ihm den kleinen selbst geschnitzten im gestreckten Galopp dahinjagenden Holzhasen schenkte, den mein Vater, wie er erzählte, in den Wachstunden in seinem Krankenhausbett fest in der Hand hielt.

Ich weiß nicht, ob er verstand, dass dies ein Abschied für immer war.

Aber als er nach seiner Genesung nach Hause kam, hatte er keinen Vater mehr und wohnte nicht mehr in der schönen Wohnung im Ostend.

Ich weiß bis heute nicht wirklich, wie der Absturz zu erklären ist. Hat meine Großmutter bei der Trennung bzw. Scheidung keine finanziellen Ansprüche gestellt? Hat sie welche gestellt, aber sie wurden ihr nicht bewilligt? Was kaum vorstellbar ist mit drei kleinen Kindern? Hat sich mein Großvater den Zahlungen entzogen? Er ist ja aus Frankfurt weggegangen, und laut Bundesarchiv konnte ihn selbst die NSDAP lange nicht auftreiben, um ihre Mitgliedsbeiträge einzufordern. Oder hat er nur ein Minimum für die Kinder gezahlt? War meine Großmutter zu naiv, ahnungslos oder zu dumm, um sich durchzusetzen, oder zu stolz oder womöglich so schamhaft, dass sie es gar nicht erst versuchte? Ich habe nie von einem Rechtsstreit gehört. Es klang alles wie Fatalität, Schicksal, Gottesurteil. Heute noch sorglos, morgen in der Asozialität. (Sie hat denn auch mit 65 weder eine Krieger- noch eine Witwenrente bekommen, sondern eine monatliche Altersrente von 70 Mark, die auf Friedrichs Befehl von ihm und den beiden anderen Geschwistern einkommensabhängig aufgestockt wurde, damit sie zum Leben reichte.)

Martha und die drei Kinder zogen in die Alte Mainzer Gasse. Das Haus steht nicht mehr, da es im März 1944 bei einem der schweren Bombenangriffe zusammen mit der gesamten Frankfurter Altstadt zerstört wurde. Elfriede zeigte mir in diesem merkwürdigen Vorstadtsträßchen, zu dem die Alte Mainzer Gasse mit dem Bau von zwei- und dreistöckigen Sozialbauten mit Balkonen geworden war, wo es gestanden hatte. Heute wird sie neu bebaut, und die letzten Spuren dessen, was mein Vater noch kannte, verschwinden.

Die Wohnung muss ein Loch gewesen sein. Eine Wohnküche, in der Mutter und Tochter auch schliefen, eine Kammer für die Söhne. Kein Bad, Plumpsklo auf dem Innenhof, kein fließendes Warmwasser, ein rußender Kohlenofen. Innenhof Erdgeschoss. Bittere Armut. Friedrich erinnert sich, dass es, wenn überhaupt, nur einmal in der

Woche ein Stück Fleisch gab, ein kleines Kotelett, und die Brüder sich darum prügelten, wer den Knochen abnagen durfte. (Und was bekam Elfriede?)

Alles, was es an Familienfotos aus jener Zeit gegeben haben mag, ist 1944 verbrannt. Auf den historischen Fotos vom Anfang des 20. Jahrhunderts, die man in Archiven finden kann, sieht man, dass die Alte Mainzer Gasse oder ›Altmainzergass‹, wie sie in der Familie hieß, wirklich eine Gasse gewesen war. Kaum breit genug für ein Fuhrwerk, mit hohen Fassaden, die kaum Licht durchließen. Meine Mutter erzählte einmal, dass ihre Eltern sie nie in dieses Viertel gelassen hätten und auch selbst nie dorthin kamen. Die Altstadt vor dem Krieg war, was man heute ein ›Assiviertel‹ nennt. Und so wurden die beiden Kleeberg-Buben zu klassischen Gassenjungs. Oder eben doch nicht ganz klassischen.

Zwar war die Altstadt ihr Revier, rings um die Leonhardskirche, aber beide waren tadellose Schüler und hielten offenbar auf Disziplin und Sauberkeit und übernahmen viele Aufgaben von ihrer damals völlig hilf- und orientierungslosen Mutter. Aber ich lauschte als Kind atemlos den Erzählungen meines Vaters über ihre Streiche, ihren vollkommen autonomen Tagesablauf ohne die geringste elterliche Autorität. Mein Vater lernte im Main schwimmen, indem sein Bruder ihn bei einem der Leiterchen in der Kaimauer ins Wasser stieß und er die fünf oder zehn Meter bis zum nächsten irgendwie über Wasser bleiben musste. Sie sprangen vom Geländer des Eisernen Stegs in den Main, ließen sich, was streng verboten war, von den damals noch motorlosen, gezogenen

Lastkähnen mainabwärts und dann wieder aufwärts mitnehmen. Sie überquerten den Eisernen Steg auf den parabolisch geschwungenen Stahlgurten der Hängekonstruktion. Und sie schossen mit der Zwille die farbigen Glühbirnen der Brückenbeleuchtung aus, was einmal zu einer Verfolgungsjagd mit der Polizei führte, der sie sich durch einen Sprung in den Main und ein Eintauchen in die unter Wasser mündenden großen Kanalisationsrohre entzogen. Sie tauchten im Kanalsystem wieder auf und warteten ab, bis die Verfolgung eingestellt war. Bevor dann die Feuerwehr vor Ort war, um nach den Ertrunkenen zu suchen, kamen sie wieder nach oben und machten sich aus dem Staub.

2011, im Jahr von Captain Brooks und Dr. Morgan, schenkten wir meinen Eltern – nicht ganz uneigennützig – eine gemeinsame Reise nach Frankfurt zu ihrem 80. Geburtstag. Ich wollte die Familienerzählung gerne eine Generation weitertragen und das, was mir erzählt worden war und was nun wiederum meiner Tochter von ihren Großeltern erzählt wurde, mit konkreten Bildern unterfüttern, solange es noch etwas zu sehen und zu hören gab. Mir war das alles noch sehr nah und präsent, nachdem ich einmal verstanden hatte, dass ich nur 14 Jahre nach dem Ende des Kriegs auf die Welt gekommen war und eine Großmutter hatte, die noch dem deutschen Kaiser zugejubelt hatte, aber für ein Kind vom Jahrgang 2000 musste sich das alles anhören wie tiefstes Mittelalter. Und nichts, dachte ich mir und denke ich mir immer noch, geht über Augenzeugenberichte in einer Zeit, von der, in der Schule, der öffentlichen Meinung und der Geschichtsschreibung, alle Graustufen des realen Lebens verschwunden sind und nur noch Schwarz und Weiß gepredigt wird.

Als wir vor der Leonhardskirche standen, deutete mein Vater auf ein Eckhaus an der Alten Mainzer Gasse, das letzte aus seiner Kindheit, das noch stand. (Mittlerweile ist es ebenfalls abgerissen und ersetzt.) Ein typisches vierstöckiges Wohnhaus aus dem rosigen Sandstein der Region.

»Das ist das Haus, wo sich einmal beim Drachensteigenlassen mein Drachen in der Dachrinne verfangen hat.«

Wir blickten mit leichtem Schauder die knapp 20 Meter nach oben. Ich wusste ja, was kommt.

»Natürlich«, erklärte mein Vater seiner Enkelin, »kam es nicht infrage, den Drachen aufzugeben. Also musste ich ihn irgendwie wiederkriegen.«

Ich nehme an, es war die gleiche Art Drachen, die mein Vater auch noch in meiner Kindheit baute. Ich hätte eigentlich lieber wie die anderen Kinder einen dieser Plastikdrachen in Form von Adlern oder sonstigem Getier gehabt, aber mein Vater schüttelte nur den Kopf. Drachen baut man selbst, und so könne ich es gleich lernen.

Es war dann immer dasselbe, wenn mein Vater mir etwas beibringen wollte. Er fluchte, schickte mich Klebstoff, Hammer oder Bindfaden holen, machte alles selbst und war enttäuscht, wenn ich seine Erläuterungen nicht verstand (»dann musste den Ding da irschendwie reinpfriemeln«) oder angesichts der ewigen Botendienste die Lust verlor. Er selbst machte diese Dinge großartig, aber er konnte nichts erklären und veranschaulichen, und das Ganze endete meist frustrierend oder im Streit.

Seine Drachen bestanden aus einem Kreuz aus leichtem Sperrholz, rotem Buntpapier und einem langen Schwanz aus zu Schleifen gefaltetem grünem Papier. Das Austarieren dauerte lange, er hielt den Drachen am hochgereckten Arm am Kreuz fest, und der durfte weder nach vorne, nach hinten oder zu den Seiten kippen. Worauf er achtete, um die Überlegenheit seiner Konstruktion gegen die Plastikspielwaren deutlich zu machen, war eine sehr lange Schnur. Ich glaube, es waren 500 Meter. Und wenn wir an Herbstnachmittagen in Friedrichshafen auf den Obstwiesen oder in der Heide auf der Hochebene bei Bitz den Drachen steigen ließen (d.h.: wenn er ihn steigen ließ), schraubte er sich im Aufwind nach oben, bis er nur noch ein winziger Punkt am Himmel war und dann ganz verschwand. Nur der unheimliche Druck auf der straff angespannten Nylonschnur zeigte, dass er noch nicht fortgeflogen war.

Und so einen Drachen, nehme ich an, hatte er auch damals schon gebaut. Um ihn wiederzukriegen, stieg er die Treppen bis zum Dachboden hinauf, kletterte aus einer der Luken, ließ sich vorsichtig über die Ziegel des relativ flachen Walmdachs hinunter, bis er mit den Füßen in der Dachrinne zu stehen kam, tastete sich bis zur Stelle, wo der Drachen hing, befreite ihn – ich bekomme, während ich dies schreibe, noch immer feuchte Hände, und für meine Tochter, die mit offenem Mund nach oben zur Dachrinne starrte, muss das Ganze völlig außerweltlich geklungen haben – und kletterte wieder zum Dachfenster hoch.

Das Kindheitsfrankfurt meiner Mutter dagegen war erstaunlicherweise noch zu sehen. Das Haus nahe dem Merianplatz hatte überlebt, wir kamen sogar in den Innenhof, wo die Linde, unter der sie gespielt hatte, noch stand, nur die alte Waschküche daneben war zu einem Fahrradschuppen geworden. Und meine Mutter erzählte nun ihrerseits.

Ich könnte das aus der Erinnerung aufschreiben, aber viel schöner ist es, meine Mutter selbst sprechen zu lassen. Ihre größte Gabe, ihr größter Schatz war ihr phänomenales mikro- und makroskopisches Gedächtnis. Das macht die Demenz auch so bitter – für mich, für den eine omnipräsente Erinnerung wie ihre einer der größten Schätze ist, die ein Mensch besitzen kann. Immerhin schrieb meine Mutter in den Neunzigern Dutzende von Seiten über ihre Kindheit im Krieg, über Lindheim, und daraus zu zitieren erspart mir das ewige ›erzählte man mir‹ und ›habe ich vergessen‹ und ›weiß ich nicht‹ und hat außerdem den Vorteil absoluter Authentizität:

»Ostern 1938 kam ich in die Schule. Das war eine neue, interessante Erfahrung. Ich war ein ziemlich ängstliches Kind, wohl auch deshalb gewissenhaft und aufmerksam im Unterricht, es gab keine schulischen Probleme. Kurz nach den Sommerferien, die ich wieder in Lindheim zugebracht hatte, wurden die Schulen wegen einer Polioepidemie für einige Wochen geschlossen. Es lag Angst in der Luft, die Leute gingen einander aus dem Weg, man vermied, sich die Hand zum Gruß zu reichen. Der Kontakt der Kinder untereinander wurde eingeschränkt. Ich fing mir prompt eine meiner häufigen fiebrigen Erkältungen. Meine Mutter – ängstlich wie ich – war natürlich besorgt. Meine Freundin Anita Löwenthal tröstete sie: ›Wenn die Inge nicht mehr laufen kann, fahre ich sie im Rollstuhl.‹ Dazu kam es glücklicherweise nicht, ich wurde schnell wieder gesund, die Schulen wurden wieder geöffnet, das Leben ging seinen gewohnten Gang. Bis zu einem Abend im November – es wurde schon dunkel, ich war vom Spielen hinaufgerufen worden und trug bereits meine Kamelhaar-Hausschuhe. Vom Fenster aus sah ich, dass meine älteren Spielgefährten unten auf der Straße lebhaft miteinander redeten. Irgendetwas musste geschehen sein, ich war neugierig und lief – unbemerkt von meiner Mutter – hinunter. Als die anderen beschlossen, zur Zeil zu laufen, wo etwas Aufregendes im Gange sein sollte, lief ich mit. Wir kamen schnell über Seitenstraßen in die Gegend der Konstabler Wache, dort herrschte große Unruhe. Viele Menschen standen und liefen verunsichert herum. Dann sahen wir die ersten Glasscherben. Schaufenster waren zerbrochen – eingeschlagen, Waren lagen auf der Straße herum. In einem großen Schuhgeschäft, dessen zerschlagene Eingangstür mit Brettern versperrt war, hatte man alle Schuhkartons aus den Regalen gerissen, die Schuhe lagen verstreut auf dem Boden. Ich dachte nur: so eine Verschwendung, und keiner kann sich Schuhe nehmen. Es wäre keinem in den Sinn gekommen zu plündern, Plünderung wäre schwer bestraft worden, üblich war in einem solchen Fall die Todesstrafe. Ob sich die SA oder Parteifunktionäre bedient hatten, weiß ich natürlich nicht, auf jeden Fall geschah das nicht öffentlich. Wir liefen wieder nach Hause, wo unsere Mütter händeringend vor den Häusern standen, da sie nicht wussten, wo wir waren. Da in unserer Nachbarschaft alles ruhig war, war ihnen möglicherweise gar nicht bewusst, was in der Stadt geschah, sie hätten sonst früh ihre Kinder von der Straße geholt und die Türen verschlossen. Das war mein Eindruck von der ›Reichskristallnacht‹. Ich erinnere mich nicht, ob meine Freundin Anita mitgelaufen ist, es wäre möglich gewesen. Aber sie war ein behütetes Kind und sicher längst zu Hause.

Eines Abends ging meine Mutter mit mir zu Anitas Eltern. Das war das erste Mal und sehr ungewöhnlich. Ich weiß nicht, wie die Frauen sich verständigt hatten. Anitas Mutter schenkte mir ein paar Spielsachen und Bücher. Ich erfuhr, dass Anita demnächst – allein – nach Paris fahren würde, dort sollte sie eine Tante treffen und mit dieser weiter nach London reisen. Die Eltern wollten später nachkommen und gemeinsam mit ihr nach Amerika fahren. Ich war zutiefst verwirrt und wusste nicht, wieso das alles geschah.

Ich habe Anita nie wiedergesehen. Die Wohnung, an der ich jeden Tag vorbeikam, schien eines Tages leer zu sein. Ich hoffe, dass alle davonkamen, glaube aber, nach dem, was man später erfahren hat, dass es für die Eltern zu spät war. Möglicherweise war Anita eines der Kinder, die 1939 ein Visum für England bekamen. Noch 1938 hatte sie meiner Mutter auf deren Frage, ob sie auch in die Merianschule gehe, in stolzem Ton geantwortet: ›Nein, ich gehe ins Philantropin. Ich bin jüdisch.‹«

›... Die Juden kamen weg ...‹ – so hat meine Mutter das immer formuliert in meiner Kindheit. Von meinem Vater und seinen Geschwistern habe ich, so viel meine Mutter von jüdischen Nachbarn und Bekannten erzählte, darüber nie etwas gehört. Aber dann haben meine Eltern ja auch immer bestritten, irgendwie indoktriniert worden zu sein. An der Schule: keine Naziindoktrination. Die Fahnen, die man auf historischen Fotos an öffentlichen Gebäuden hängen sah: nie gesehen. Ich glaube es ist wahr: so flächendeckend und lückenlos organisiert wie später in der DDR war der Überwachungs- und Denunziationsapparat in den Dreißigerjahren noch nicht. Meine Mutter erzählte, wie ihre Mutter die gesamte Kriegszeit hindurch Besuch von einem Freund ihres Mannes bekam, einem Herrn Lebkücher, von dem sie und jedermann wusste, dass er homosexuell war und einen festen Freund hatte, der aber nie in akuter Gefahr gewesen zu sein scheint, denunziert zu werden: »Lebkücher und sein Freund Stelzer waren alte Kollegen meines Vaters«, sagte meine Mutter lachend, »und als er 1939 mobilisiert wurde und dann 1940 nach Frankreich ging, bat er die beiden, meiner Mutter im Notfall ein wenig zur Seite zu stehen. Und da er ein vorsichtiger Mann war, war es bestimmt kein Zufall, dass er von all seinen Freunden genau die beiden Schwulen als Hausfreunde für seine Frau abkommandierte. Und Lebkücher liebte Kaffeeklatsch mit meiner Mutter.«

Aber natürlich wurden meine Eltern subkutan infiziert, und sei es nur, dass sie das, was war, als das Natürliche, Richtige und (zunächst) Gute wahrnahmen, weil niemand in ihrem Umfeld, nicht die Eltern und auch sonst niemand, ihnen eine andere Perspektive aufzeigte, auch nicht insgeheim.

Ich glaube, hier gilt es mit einem Missverständnis aufzuräumen, nämlich dem, die Mehrheit der Deutschen
hätte sich seinerzeit aufgrund ihrer Einstellung zum Regime unterscheiden lassen, man habe entweder nur Nazi
oder Nazigegner sein können.

Abgesehen von den Gruppen, die in einem Staatswesen
und natürlich insbesondere in einer Diktatur verfolgt und
unterdrückt werden, definiert sich die Mehrheit der Bevölkerung nicht nach dem Grad von Leidenschaftlichkeit
ihrer Zustimmung oder Ablehnung der jeweiligen Regierung gegenüber.

Man muss sich nicht mit der Regierung und ihren Taten identifizieren, ebenso wenig in wütender Opposition
zu ihr stehen, um sich mit seiner Zeit und seiner Nation
zu identifizieren.

Identifikation findet im Allgemeinen in drei konzentri-
schen Kreisen statt: mit der Familie, das ist der engste. Mit
dem lokalen und sozialen Umfeld. Und drittens mit der
Nation. Dies umso mehr in einer Epoche, wo die überwäl-
tigende Mehrheit der Bevölkerung eines Landes keinerlei
eigene Erfahrungen mit anderen Ländern hatte. Der moderne, im Laufe der Globalisierung entstandene Sozio-
typ, der gerne pejorativ als ›Anywheres‹ bezeichnet wird,
den man aber auch ›Weltbürger‹ nennen könnte, also die
Gruppe, die aus eigener Erfahrung über die beschränkte
nationale Perspektive hinausdenken kann, war in der Zeit,
von der ich spreche, eine verschwindende Minderheit.

Kinder wie meine Eltern hatten also bis, sagen wir 1943,
als der Krieg ins eigene Land hineindrang, eine Kindheit, die von der sozialen Klassengehörigkeit bedingt war,

nicht von einer Einstellung zur Politik. Wenn die Vergleichsmöglichkeiten fehlen, dann ist das was ist das unhinterfragt Normale.

Natürlich waren mein Vater und mein Onkel im Wehrertüchtigungslager, natürlich war meine Mutter bei den Jungmädeln, jeder war das.

Anders hätte es nur sein können, wenn jemand in ihrem Umfeld zu einer der Gruppen gehört hätte, die von Staats wegen unterdrückt wurden. Aber es gab in den Milieus, in denen sie aufwuchsen, offenbar keine überzeugten Kommunisten, Sozialdemokraten, Gewerkschafter, katholischen Christen, zeitgeschichtlich gebildeten Nazigegner, niemanden mit einer historischen Perspektive, niemanden, der das Programm und die Pläne Hitlers kannte oder ernst nahm. Niemanden, der – und sei es nur bei geschlossenen Türen und im Flüsterton – dagegen gewesen wäre, von einem Unheil gesprochen hätte. Und natürlich gab es schon gar niemanden, der der Demokratie, der ›Systemzeit‹, nachzutrauern schien. Wo waren die 60 % Wähler, die noch 1933 gegen die NSDAP gestimmt hatten? Waren sie bis 1940, dem Höhepunkt der ›Erfolge‹, überzeugt worden? Verstummt? Mundtot gemacht? Resigniert?

Das Erschreckende an der normativen Kraft des Faktischen ist eben ihre Kraft. Ist das Achselzucken der Mehrheit angesichts des ›so ist das eben‹. ›Die Juden kommen weg‹ – so ist das eben.

Und deswegen konnten meine Eltern noch im Rückblick keine Propaganda entdecken, der sie aufgesessen wären. Weil die Propaganda und Indoktrination eben in der normativen Kraft des Faktischen unsichtbar wurden – allemal für Kinder. Und unsichtbar heißt selbstverständlich.

Ich könnte mir sogar vorstellen, dass es gerade das nationale Selbstbewusstsein und deutsche Selbstüberhöhung demonstrierende Regime war, das meinem Vater und seinem Bruder ein kompensatorisches Selbstwertgefühl in ihrem faktischen Elend als quasi in die Asozialität abgestiegene Familie verschaffte.

›Deutschland‹, heißt es in Thomas Manns *Dr. Faustus*, ›Deutschland, die Wangen hektisch gerötet, taumelte dazumal auf der Höhe wüster Triumphe.‹

Ich habe keinen Grund zu glauben, dass nicht auch die Wangen meines Vaters diese Rötung trugen. Er war ein Kind, und dies war ›seine Zeit‹. Und wann immer ein Mensch an ›seine‹ Zeit denkt, tut er das mit viel Naivität und Identifikation und Exkulpation, und im Falle meines Vaters immer aus der Perspektive von damals, selbst noch 60 Jahre später.

Und nur dies Letzte ist eine Schuld. Die er nicht gesehen hat. Er dachte vermutlich: Ich habe die Nazis 1933 nicht gewählt. Ich habe sie 1945 nicht beseitigt. Ich war nur ein Passagier im Boot der Nation, das durch die Stürme der Zeit getrieben wurde.

Wo hätte er die Axt ansetzen sollen und können, um den Trennungsstreich zu führen? Nur an sich selbst. Aber wie viele vermögen das?

In der Familie meiner Mutter muss das ein wenig anders ausgesehen haben. Mein Großvater Reinhardt war ein

Freigeist, der die Nazis und überhaupt Autoritäten nicht mochte, auch wenn er erst in den Aufschwungsjahren nach der Machtergreifung wieder Arbeit gefunden hatte. Aber selbst wenn er dachte, dass es mit diesem Regime böse enden würde – so etwas sagt man nicht zu seiner sieben-, acht- oder zehnjährigen Tochter.

Meine Mutter 1939: »Hoffentlich kommt kein Krieg!«

Ihre Mutter: »Es ist ja schon ...«

Wieder meine Mutter: »Eines Tages 1939 (der Vierzigjährige war bereits mobilisiert und in der Kaserne) kam eine schlechte Nachricht. Mein Vater hatte sich über einen seiner Meinung nach unverschämten Unteroffizier geärgert (er, der Veteran von 1917, über einen jungen strammen Nazi), ihm gesagt, er könne ihn am Arsch lecken, er werde ihn demnächst mal übers Knie legen und ihm den Hintern versohlen. Das wurde als Insubordination und Bedrohung eines Vorgesetzten ausgelegt, er kam vors Kriegsgericht und musste vier Monate ins Militärgefängnis. Zuerst war er in Germersheim, dann in Freiburg, wo er einmal Blindgänger ausgraben musste. Seine Briefe waren auf ein Formblatt geschrieben und zensiert. Als er nach Hause kam, war er total abgemagert, aber gesund und braungebrannt. Er bekam ein paar Tage Urlaub und wurde dann, entgegen seiner Erwartung degradiert zu werden, zum Obergefreiten befördert.«

Einer der Onkel mütterlicherseits, einer der Bäckerssöhne aus Lindheim, trat, wie mir meine Mutter erzählte, in die SS ein. Aber: »Ich weiß nicht, wie er dazu kam. Er war ein absolut weicher Mensch, jeder Gewalt abhold. Wahrscheinlich gefielen ihm die Uniform und das Gefühl, ›ästimiert‹ zu werden. Da war er wie meine Großmutter.«

Das war die Perspektive des achtjährigen Mädchens, und wenn mein Vater noch 2011 die Kriegsschuld Deutschlands 1939 anzweifelte, dann auch, weil er diese Perspektive des Achtjährigen internalisiert hatte. Die Olympischen Spiele 1936 waren ein Riesenfest, die Besetzung des Rheinlandes eine Wiedergewinnung von Nationalstolz, und vermutlich war der rasche Sieg über Frankreich 1940 für Menschen wie meine Eltern, die es nicht anders erzählt und erklärt bekamen, der Höhepunkt ihrer Identifikation mit dem Regime, das das geschundene Deutschland wieder in seine Rechte eingesetzt hatte.

Man fragt sich heute kopfschüttelnd, wie denn ein ganzes Volk nicht sah, dass es sich auf dem Weg in die Unmenschlichkeit befand. Absurderweise wurden moralische Qualitäten in der deutschen Geschichte vielleicht nie so häufig beschworen wie in diesen zwölf Jahren. Ein Wort wie Anstand war allgegenwärtig. Alle hielten sich für anständig, selbst ein Teufel in Menschengestalt wie Heinrich Himmler war überzeugt, ein anständiger Mensch zu sein. Bloß galten all diese Moral- und Anstandsgebote eben nur für die, die dazugehörten zur scheinbar einigen Nation. Nicht für die Opposition, nicht für die Gegner, Feinde und Opfer.

Ich wüsste bis heute nicht mit Sicherheit zu sagen, ob dieser Primat der nationalen Einheit gegenüber der Anerkenntnis der individuellen, unteilbaren Menschenrechte, ob also die Praxis, dass diese Menschenrechte nur für die gelten, die dazugehören, die ›auf unserer Seite‹, ›auf der richtigen Seite‹ stehen, nicht für die, die ausgegrenzt werden, eine deutsche Besonderheit ist oder etwas allgemeiner Menschliches.

Und so konnte mein Vater, wenn er mir Kinofilme nacherzählte, von denen ich dann früher oder später die meisten auch zu sehen bekam, in einem Atemzug von Harry Piel und John Wayne vorschwärmen, von *Quax, dem Bruchpiloten* und von *Duell im Atlantik* (das im Original bezeichnenderweise *The Enemy Below* heißt). Abenteuerhelden, Abenteuerfilme, deutsche Helden, amerikanische Helden, da gab es für ihn keinerlei Bruch, keinerlei prinzipiellen Unterschied. (Russen kamen natürlich nicht vor, außer als der unmenschliche, barbarische Feind. Man befreit sich eben nicht leicht von diesen Prägungen der Kinderjahre.) Irgendwann in den Sechzigern erzählte er mir auch sehr stolz (weiß der Himmel, wo er davon gehört hatte) von einem Nato-Manöver, bei dem die Deutschen den Sieg über die Franzosen und Amis davongetragen hatten dank überlegener Intelligenz, Terrainkenntnis und ihrem Einfallsreichtum. Mit einem Wort: Der Geist der Wehrmacht, unbesiegt im Felde oder was auch immer, hatte irgendwie überlebt …

Mir wurde es erst vor Kurzem an mir selbst bewusst: Irgendeine Feier im Freundeskreis mit polnischen Freunden, und mir fiel auf, dass mir deren Klugheit und Freundlichkeit auffielen. Auch in mir steckte noch etwas von der ererbten und von der Elterngeneration überkommenen rassistischen Herablassung ihnen gegenüber. Irgendein roter Faden, der von den slawischen Untermenschen bis zu den notorischen Autodieben reichte, war immer noch so lebendig, dass mir an Polen positiv auffiel, was ich an Franzosen, Italienern oder Engländern nie bemerkt hätte.

Bezeichnenderweise schafften wir es auf unserer Frankfurt-Reise nicht, die Familie um einen Tisch zu versammeln. Friedrich sagte, es sei ihm zu anstrengend, in die Stadt zu kommen, Elfriede fühlte sich nicht eingeladen, wären wir raus zu Friedrich und Anne nach Mainflingen oder alternativ zu Friedrich und Marlies nach Klein-Krotzenburg gefahren. Also trafen wir die beiden Geschwister unabhängig voneinander, und ich fragte jeden nach dem Familienleben während des Kriegs.

Aber ein solches hatte es offenbar schon bald nach Kriegsbeginn nicht mehr gegeben. Elfriede wurde – ihre Mutter hatte ja Erfahrung damit, ihre Töchter zur Verwandtschaft zu schicken – zu ihrer Tante nach Diesbar an der Elbe expediert.

Dort allerdings – die Familie der Tante hatte ein Weingut und ein Ausflugslokal – verbrachte sie, wie sie sagte, die schönsten Jahre ihrer Kindheit, wurde geschätzt und gut behandelt und ging dort auch in die Schule.

Dann erinnerte sie sich an den Bombenangriff auf Dresden und wie sie und die Familie ans Ufer der Elbe getreten waren und flußaufwärts auf den roten Himmel gestarrt hatten. Und wie sie dann die vorübertreibenden Leichen gesehen hatten. »Eine an der anderen«, sagte sie. »Der Fluss war voll davon.«

Und mein Vater nickte dazu und sah mich insistierend und ein wenig provozierend an. Ich wusste, worauf er hinauswollte: auf die damals kolportierte Meldung, der Phosphorangriff der Engländer habe mehrere Hunderttausend Tote gekostet, die er durch Elfriedes Sätze beglaubigt fand.

Kurze Zeit darauf, berichtete sie weiter, waren die Russen da, man hatte vergeblich versucht, Frauen und Kinder zu verstecken.

»Ich war mit meiner Cousine und meiner Tante in ein Zimmer gesperrt, und wir hörten durch die Tür das Geschrei und Gequieke der Frauen und das fremdklingende Gebrüll der Soldaten. Dann ging die Tür auf, und einer kam herein und packte meine Tante und schleppte sie mit und schloss wieder zu. Da waren wir nur noch zu zweit. Und die Geräusche. Jetzt unverkennbar die erstickten Schreie meiner Tante. Dann ging die Tür wieder auf, und sie packten meine Cousine, die ein Jahr älter war als ich. (Elfriede war damals knapp zehn.) Und ich war alleine und halb bewusstlos vor Angst. Ich war fast erleichtert, als die Tür sich endlich wieder öffnete und ein Russe reinkam. Er packte mich am Handgelenk, zögerte, dann sah er mich an. Ich war so klein und mager, selbst für mein Alter, und offenbar hatte er das an meinem Handgelenk bemerkt, das dünn war wie ein Hühnerknochen. Dann stieß er mich zurück. Irgendwann kamen die anderen wieder. Am nächsten Tag war das Vergewaltigen zu Ende, und sie fingen an, uns was zu essen zu geben. Zu dem Zeitpunkt war ja nichts mehr da.«

Ich habe mich oft, eigentlich mein ganzes Leben lang, über diese Traumatisierungen befragt. Meine Tante, die dem potentiellen Vergewaltiger gegenüberstand, mein Vater auf seiner einsamen Odyssee, mein Onkel, der in den Pistolenlauf des Waffen-SS-Mannes blickte, meine Mutter, die ihre Nächte im Bombenhagel in den Luftschutzkellern verbrachte, was selbst in der Verdüsterung der Demenz ihre letzte Erinnerung an ihre Kindheit geblieben ist. »Meine Herrschaften, die Christbäume stehen am Himmel. Jetzt gehts gleich los. Bitte Ruhe bewahren«, sagte der Luftschutzwart. »Oh Gott«, kreischte eine Frau, »Jetzt haben sie sich Licht gemacht, jetzt kommen die Brandbomben!«

Und so Millionen andere Kinder und Jugendliche auch. Die Generation, die dann wenige Jahre später die BRD (und die DDR) aufbaute. Unschuldige Kinder, auf deren Stirn dennoch ihr Lebtag ein Kainsmal gezeichnet blieb. Ihre erwachsenen Landsleute hatten ein verbrecherisches Regime an die Macht kommen lassen oder unterstützt oder verkörpert, das entsetzliche Untaten und den mörderischsten Krieg der Geschichte zu verantworten hatte. Und dann rächten sich seine Feinde auf brutale und oft genug verbrecherische Weise an den Bewohnern des Landes. Wohin ging das Trauma, die Wut, der Hass, die Verunsicherung dieser Opfergeneration? Es gab unter den zwischen 1928 und 1938 Geborenen später weder eine auffällig große Zahl von Amokläufern und Mördern noch der Depression Verfallenen und Selbstmördern. Es gab keine signifikant höhere Zahl an Menschen, die nun ihrerseits ihre Kinder quälten. (Im Gegenteil, meine Eltern insistierten nie, dass ich mich irgendeinem Kollektiv anschließen sollte, keiner Kirchenjugend, keinen Pfadfindern, keinem Sportverein und schon gar keiner Partei. Sie insistierten für meinen damaligen Geschmack sogar viel zu wenig. Und die Konsequenz war, dass ich ein ebenso bindungsloses Wesen geworden bin wie sie selbst waren, das nirgends dazugehört und mangels besseren Wissens stolz darauf ist.) Es gab keinen Burn-out und keine Arbeitsverweigerung, im Gegenteil, einen nie dagewesenen Fleiß und übermenschliche Disziplin. Und es war auch keine Generation von Trauerklößen. Sie konnten lachen, sie konnten feiern, sie lebten wieder wie andere. Fast. Es war den meisten völlig unklar, warum ihnen die anderen Europäer nicht gleich wieder die Hand reichten, warum sie gehasst wurden. Wie schwer es doch einem Menschen fällt, von sich selbst zu abstrahieren. Wie leicht es fällt, sich mit seinem Volk oder seiner Nation zu identifizieren, wenn sie siegt und beliebt ist, und wie schnell im gegenteiligen Fall das Ich und das Abstraktum Staat sich voneinander scheiden.

Und vielleicht, dachte ich dann und denke ich auch heute, kommt die Beschädigung der Seelen, die da zwangsweise passiert ist, erst mit einer oder zwei Generationen Verspätung wieder an die Oberfläche.

Friedrich war das einzige der Kinder, für das seine Mutter in den wichtigen und entscheidenden Momenten da war. Mein Vater und Elfriede waren fort und mussten später alle wichtigen Entscheidungen alleine treffen. Von den älteren Schwestern müssen wir nicht reden. Es ist für mich, so wie ich ihn immer kannte, schwer vorstellbar, dass der selbstbewusste Friedrich, der natürliche Mittelpunkt jeder Gesellschaft, irgendwann einmal ein schmächtiges, verschüchtertes und schutzbedürftiges

Kind gewesen sein soll. Aber Tatsache ist, dass er sehr lange sehr klein war, und erst in seinem 18. Lebensjahr einen Längenschuss von 1,65 m auf 1,85 machte. Jedenfalls begleitete meine Großmutter ihn zum Arbeitsamt und zur Lehrstellensuche, das muss 1943 gewesen sein. »Ich hatte Glück, dass der Mann vom Arbeitsamt mir empfahl, Dreher und Werkzeugmacher zu werden und mir eine Lehrstelle bei der Naxos-Union verschaffte. (Ausgesprochen von ihm mit Betonung auf dem ›Un‹. In diesem Betrieb, dessen jüdische Eigentümerin enteignet und dann in Theresienstadt umgebracht wurde, hat er während seiner Lehrzeit vermutlich auch mit Zwangsarbeitern zusammengearbeitet, von denen die Firma über 400 beschäftigte.) Ich hatte keine Ahnung, was das ist. Ich dachte, ein Werkzeugmacher baut Schraubenzieher und Zangen zusammen. Wie sich dann herausstellte, entsprach die technische Arbeit meinen Fähigkeiten. Ich weiß nicht, was aus mir geworden wäre, wenn er mir vorgeschlagen hätte, Koch zu werden.«

Friedrich wollte zur Luftwaffe und bewarb sich dort, da muss er 16 gewesen sein, zum fliegenden Personal. Er bestand die Seh- und Hörtests und was immer dort noch verlangt wurde, offenbar so hervorragend, dass der Offizier, mit dem er zu tun hatte, ihn unter seine Fittiche nahm. Jedenfalls, so erzählte Friedrich, wurde er dort angenommen, aber da er wohl noch zu jung war, mit der Fliegerausbildung zu beginnen, bekam er gesagt, wann immer er gemustert und eingezogen werden sollte, darauf hinzuweisen, dass er für die Luftwaffe reserviert sei. Und auf diese Art und Weise entging er zwischen Sommer 44 und Februar 45 der Einberufung an die Front mehrmals. Die Luftwaffe hielt ihre schützende Hand über ihn. Das ging so lange gut, bis in den letzten Kriegswochen die Waffen-SS alles an sich riss und ein junger Waffen-SS-Offizier das Schreiben der Luftwaffe vor seinen Augen zerriss. Er habe sich binnen drei Tagen marschfähig am Ostbahnhof einzufinden, brüllte der Kerl ihn an und fuchtelte mit gezogener und entsicherter Waffe vor seiner Nase herum, andernfalls werde er standrechtlich erschossen werden.

Nun waren Friedrich und seine Mutter (die beiden anderen waren ja weg, mein Vater in der Kinderlandverschickung im Westerwald, Elfriede in Diesbar) nach der Ausbombung in dem Haus in der Werftstraße/Ecke Gutleut untergekommen, und das rettete ihm vielleicht das Leben. Denn an dem Morgen des Tages, an dem er sich am Ostbahnhof einzufinden hatte, waren die Amerikaner in den Westen der Stadt einmarschiert. Östlich der Hauptwache wurde noch gekämpft, und es fuhren an diesem Tag vom Ostbahnhof auch noch Truppentransporte an die Ostfront. Aber die Gutleutstraße war befreit.

»Ein paar Tage später habe ich den Kerl auf der Straße getroffen, den Waffen-SS-Mann, natürlich mittlerweile in Zivil. Er grinst mich an und meint: Na, hast dus auch überstanden. Ich hoffe, du hast meine kleine Schau letztens nicht so ernst genommen.«

Hatte meine Großmutter ein schlechtes Gewissen, weil sie ihren Friedrich nicht vor den Schlägen seines Vaters bewahrt hatte? Er war und blieb jedenfalls ihr Hätschelkind, und relativ schnell übertrug sie ihm offensichtlich auch die Befehlsgewalt in der Familie. Es gibt nämlich zwei erhaltene Briefe meines Großvaters von 1950 und 51. Sie kommen aus Schneverdingen, wo er damals lebte und beginnen mit der merkwürdigen Anrede »Sehr geehrte Frau Kleeberg«. Ich erinnere mich nicht mehr an die Details, aber er häufte in seinem Schreiben ein wenig Asche auf sein Haupt (»Irren ist menschlich« – was ich ziemlich unverschämt finde), beklagte sich über die Kaltherzigkeit seiner derzeitigen Frau, deren Ableben er dann im zweiten Brief kundtat (»wenn Sie gemeinsam mit mir wieder in See stechen wollen, dann ist jetzt der Moment dazu«). Kurz gesagt, er wollte die vergangenen zehn Jahre beiseitewischen und wieder neu anknüpfen, übrigens nicht eben charmant. Irgendwo ist die Rede von Vernunftgründen, die ihm damals nichts bedeutet hätten, die er jetzt aber einsehe. Meine Großmutter war scheinbar sehr geneigt, die Offerte oder Bitte anzunehmen, sie muss in jener Zeit von allem vollkommen überfordert gewesen sein. Friedrich sprach sein Veto aus, und meine Großmutter scheint es sofort akzeptiert zu haben. Ich glaube, Friedrich schrieb dann auch selbst und machte seinem Vater deutlich, jeder weitere Versuch, die Familie zu behelligen, werde dazu führen, dass er ihm jeden einzelnen Knochen im Leib brechen würde. Und offenbar muss er sehr überzeugend gewirkt haben, denn es erfolgte keine weitere Kontaktaufnahme.

Was haben Elfriede und mein Vater dazu gesagt? Jedenfalls, was immer sie gedacht haben mögen, haben sie Friedrichs Autorität nicht bestritten. Und was hat meine Großmutter gedacht, die damit endgültig zur Einsamkeit verdammt war, mit 50?

Auf den Fotos von damals sieht sie nicht viel anders aus, als ich sie 20 und 30 Jahre später in Erinnerung habe. Eine kleine, stämmige, starkknochige Frau (ihre mächtigen Unterarme hat sie ihren Töchtern Gerda und Elfriede und deren Tochter Sabine vererbt) mit einem flachen Gesicht, einer breiten Nase und bis zu den Hüften reichendem pechschwarzen Haar, das sie immer sorgfältig hochgesteckt trug. Das schwarze Haar behielt sie bis nach ihrem 80. Geburtstag. Wenn ich bei ihr übernachtet hatte, in der kleinen Einzimmerwohnung im 12. Stock in Fechenheim, die Friedrich ihr Ende der Sechziger besorgt hatte, damit sie bei ihrer Tochter ausziehen konnte, war es beeindruckend zu sehen, wie sie ihr Haar bürstete, ihr Gebiss einsetzte, das die Nacht in einem Zahnputzbecher mit Kukident verbracht hatte und ihr Stützkorsett anlegte, das sie trug, solange ich sie kannte, »wegen meinem kaputten Rücken«.

Was daran kaputt war, weiß ich nicht, jedenfalls hinderte der Rücken sie an nichts, nicht am Gehen, nicht am Bücken, nicht am Liegen oder Sitzen. Sie sah nicht sonderlich deutsch aus, jedenfalls nicht in dem Sinne, in dem man noch andere Menschen ihrer Generation aufgrund ihres blonden Haars und einer gewissen Riemenschneider'schen oder Dürer'schen Gesichtsbildung als »typisch deutsche Physiognomien« bezeichnet hätte. Auch die pechschwarzen Schöpfe ihrer Söhne, die auf dem Foto aus dem Wehrertüchtigungslager herausleuchteten, waren außergewöhnlich, und selbst ich bekam Ende der Siebziger noch von meiner unfähigen Geschichtslehrerin zu hören, ich sähe nun auch nicht gerade wie ein Arier aus.

Weder während des Krieges noch in der unmittelbaren Nachkriegszeit hielt die Familie offenbar Kontakt zu ihrer Verwandtschaft. Nicht zu der Kleeberg'schen, die in Frankfurt selbst saß, immerhin in Gestalt des leiblichen Großvaters, der erst 1945 hochbetagt starb, noch zu dessen Bruder Onkel Paul. Es ist mir bis heute nicht klar, wie sich der ›Kleeberg-Kult‹ der Brüder mit dieser Praxis vertrug. Vielleicht steckten der Großvater oder der Großonkel, die in der Gutleutstraße wohnten, hinter dem Umzug der Ausgebombten in die Werftstraße, aber Kontakt zu den beiden wurde nie erwähnt im Familienkreis. Aber auch nicht zur Krück'schen in Pfieffe, wo ja immerhin die beiden Halbschwestern aufgewachsen waren, Gerda, die mittlerweile auch in Frankfurt lebte und arbeitete (und die Familientradition insofern fortsetzte, als sie von ihrem Freund, der nur Genevski genannt wurde, nie beim Vornamen, ein uneheliches Kind hatte), und Christa, die irgendwann gegen Ende des Kriegs gestorben sein muss.

Mein Vater erzählte, dass in der schrecklichen Hungerzeit nach Kriegsende, vermutlich im Hungerwinter 46 auf 47, die Not so groß war, dass er und Friedrich nach Pfieffe fuhren (wie eigentlich?), um sich Lebensmittel und vielleicht auch anderes von ihren Großeltern mütterlicherseits zu erbitten. Sie verbrachten dort wohl eine Nacht, wie mein Vater sagte, weniger als herzlich empfangen, bekamen am nächsten Morgen einen Kinder- oder Bollerwagen bereitgestellt und wurden gebeten, doch nun bitte schön wieder aufzubrechen, da unter der Plane sei alles, was man entbehren könne. Sie waren noch nicht aus dem Dorf draußen, als einer der beiden die Plane hochhob, um zu sehen, was die Großeltern ihnen aus Keller und Garten mitgegeben hatten. Mit aufgerissenen Augen blickten sie auf zwei völlig verfaulte Kohlköpfe und schimmlige Strünke mit braunen Blättern.

»Und von dieser Minute an waren diese Menschen für mich gestorben«, sagte mein Vater. »Ich bin nie wieder dorthin, auch später nicht, und habe keinerlei Kontakt mehr zu ihnen gesucht. Wer so etwas macht, den gibt es nicht mehr für mich.«

Und stur waren sie ja beide und hielten deshalb ihr Gelübde bis ans Lebensende.

Bei Elfriede muss es anders gelaufen sein, Sabine hat mir berichtet, sie sei mit ihrer Mutter mehrmals bei den Großeltern und Tanten gewesen.

Man kann lange darüber spekulieren, was die Gründe für diese Zersplitterung der Familienbindungen sind, für die Fremdheit und das Ende des Kontaktes, aber ich glaube, diesseits aller Psychologie sind es die sozialen Verhältnisse, die alles andere bedingen, um nicht zu sagen das soziale Elend. Die Not reißt die Arbeiter- oder Bauernfamilien auseinander, das Sich-alleine-Durchschlagen in der Fremde zerstört die Bindungen, Fehltritte oder Fehlschläge machen böses Blut, die Familien entzweien, entfremden und zerstreuen sich und können nicht mehr die gegenseitige Hilfe leisten, wie gutsituierte Familienclans das über Generationen hinweg vermögen.

Meine Mutter erzählte mir einmal auf meine Frage, warum sie ihre Großaltern väterlicherseits aus Magdeburg erst kennengelernt habe, als ihr Cousin Ottchen 1942 begraben wurde, entgeistert: »Aber für solche Reisen gab es damals kein Geld!« Als Otto, der Neffe meines Großvaters, ein 21-jähriger Fallschirmjäger, der Kreta überlebt hatte, kurz danach bei Leningrad fiel, bekam mein Großvater Sonderurlaub, und die Familie fuhr zum ersten und einzigen Mal nach Magdeburg.

So gut wie kein Kontakt also. Und dass Hass und Verachtung meines Vaters und meines Onkels auf die Pfieffener Familie so unüberwindbar wurde, war letztlich auch nichts anderes als die späte Konsequenz aus der Tatsache, dass meine Großmutter als ahnungsloses Kind von zu Hause fortgeschickt wurde, um zu arbeiten. Nicht anders bei der anderen Großmutter, die ausriss, um nach Hamburg zu gehen und dort ein so prekäres Leben führte, dass sie später ihr einziges Kind zur Familie schickte, weil sie nicht in der Lage war, sich um es zu kümmern.

Nach 1945 natürlich kein Kontakt mehr in den Osten. Weder von Elfriede nach Diesbar, noch auch zu dem Teil der Kleeberg-Familie, der jetzt in der DDR lebte. Wir kamen vor der Wende nie auf den Gedanken, nach Sachsen zu fahren, und nach der Wende waren es die Ostdeutschen, die zu uns reisten. Mein Großcousin aus der ersten Ehe meines Urgroßvaters, ein Jazzmusiker, tauchte 1990 irgendwann in Paris auf, und der erste Sohn Elfriedes, den sie fast 40 Jahre lang nicht gesehen hatte, stand nach der Wende eines Tages vor ihrer Tür und wollte Geld.

Was wäre, denke ich manchmal, in bürgerlichen Familien möglich gewesen an Hilfe, Ratschlag, Vernetzung oder nur einfach Horizonterweiterung. Was wäre in Familien der Arbeiterschicht möglich gewesen in Form gelebter Klassensolidarität? Welche Immunisierung gegen den Zeitgeist ein katholisches Milieu bieten konnte, das beschreibt unvergesslich Kurt Flasch in seinen Kindheitserinnerungen *Über die Brücke*.

Und diese Konstellationen pflanzen sich über die Generationen fort und sorgen dafür, dass solche entwurzelten kleinbürgerlichen Menschen noch in der zweiten und dritten Generation nicht die Möglichkeiten haben, denken und wahrnehmen, die für andere Familien selbstverständlich sind.

Wie steht es mit der Unfähigkeit zu trauern? Ich glaube, es gab einfach zu viel zu tun, als dass einer von ihnen die Akademiker-Zeit-und-Muße gehabt hätte, es sich je auf der Metaebene bequem zu machen. Zunächst herrschte im Mai 1945 gewiss Erleichterung, dass man es überlebt hatte: die Bomben, die Besatzer und das eigene Regime. Dann galt es, den Hunger zu bekämpfen und ein Dach über dem Kopf zu finden. Sie mussten für sich sorgen, später dann für ihre Familien. Das kostete alle Zeit und Energie, die diese Menschen aufbringen konnten, und die Energie war beträchtlich. Und das Innehalten, wenn es denn kam, und es kam erst sehr viel später, war kein Innehalten zum Reflektieren, sondern eines zur physischen Entspannung.

Ich fragte kürzlich Friedrich nach ihrer Reaktion, als sie mit der Judenvernichtung konfrontiert wurden im Alter von 16 und 14: »Man war traurig, dass wir Deutschen solche Greuel begangen hatten, aber man musste ja leben.«

Und wer daraufhin nun fragt: »Musste man das tatsächlich?«, der hat zwar die wohlfeil zu habende Moral der Nachgeborenen auf seiner Seite, aber was weiß er von den je eigenen und verschlungenen unsichtbaren Wegen jeder menschlichen Seele, mit dem Horror und der Schuld der Zeit umzugehen, in die man hineingeboren und von der man ein Teil ist?

Die Zeit vom Kriegsende bis zur Heirat der beiden Brüder 1953 und 1954 ist eine Art schwarzes Loch – ich habe kaum tiefergehende Informationen, die die Entwicklungen und Veränderungen erklären würden, die da vor sich gingen und die ich eine Art Selbsterfindung ex nihilo nennen würde – mit allem, was an einer solchen Selbsterfindung illusorisch ist, wie sich dann ja auch zeigen sollte.

In der Hungerzeit waren die Brüder wohl regelmäßig am Güterbahnhof, sprangen auf die Züge und warfen ihre Beute in einem Kartoffelsack runter, bevor sie absprangen – ich weiß nicht, wieviel Polizei oder Militärpolizei dort war, inwieweit man in diesen anarchischen Monaten Kinder gewähren ließ, immerhin war mein Vater gerade 15. Mir völlig unverständlich: All dies – dieses Fringsen, Hamstern, diese kleinen Schwarzmarktaktivitäten – geschah, während beide Brüder in die Lehre gingen, die sie ja nicht schwänzten. »Wir waren im Wachstum, und wir begannen Sport zu treiben«, sagte mein Vater mir einmal. »Wir haben einen Zentner Kartoffeln pro Woche gegessen.«

Als mein Vater mir als Kind all diese Kriegs- und Nachkriegsepisoden als Abenteuergeschichten erzählte, tauchte auch die Figur eines Robert auf. Er war vielleicht so alt wie Friedrich, ein Nachbar aus demselben Haus oder aus der unmittelbaren Umgebung, und so wie mein

Vater ihn beschrieb, erinnerte er mich immer an Harry Lime aus dem *Dritten Mann*. Dieser Robert, einerseits wohl Spielkamerad oder Freund, war ein richtiger Verbrecher. Das heißt, er wurde auf dem Schwarzmarkt zu einem einflussreichen Schieber. Und er muss den beiden Brüdern wohl irgendwann das Angebot gemacht haben, in seine Geschäfte mit einzusteigen. So wie mein Vater das erzählte, waren sie offenbar, obwohl ein kriminelles Leben nie infrage kam, auch ein wenig geschmeichelt, dass dieser Robert sie beide für clever und anstellig genug hielt, was sie zweifelsohne auch waren.

In einem zeitgenössischen Artikel schreibt die *Frankfurter Rundschau*:

»Das Überfallkommando der Frankfurter Polizei unter Oberwachtmeister Reif beehrt mal wieder den Schwarzen Markt in den Trümmerzeilen rund um den Hauptbahnhof. Grobe Männer, viele noch in schäbigem Kriegszivil mit weißen Armbinden, einige mit weißen Mützen, ein paar schon in der gerade erst von der amerikanischen Verwaltung beschafften dunklen Uniform, die wie ein schlechter Mix aus Hollywood und Wehrmacht-Panzertruppe aussieht.

Sie treiben die Hungernden, die Gutgläubigen, die Verzweifelten zusammen. Hinauf auf die Pritsche des »Weißen Traums«, wie der Frankfurter Volksmund die weiß getünchten alten Armeelaster des Überfallkommandos getauft hat. Heckklappe zu – und dann beten die Polizisten, dass der »Weiße Traum« losfährt. Oft genug tut er das nämlich nicht, weil zu wenig Benzin zugeteilt war.

Dann lachen sich die just Festgenommenen eins, die

Polizisten fluchen, und die wahren Herren des Schwarzen Marktes, die großen Schieber, die die Entwurzelten und Hoffnungslosen die Drecksarbeit für sich erledigen lassen, lächeln spöttisch aus sicherer Entfernung.

Das spielt sich so in Frankfurt wieder und wieder ab. Als Frankfurts »drei wilde Jahre«, 1945 bis 1948, wird sich diese Zeit zwischen Einmarsch der US-Armee und Währungsreform ins kollektive Gedächtnis der Bürger einprägen. Um dann schnell überkleistert zu werden von Wirtschaftswunder und Fresswelle.«

Hier hätte alles auch ganz anders kommen können. Ich habe keine Ahnung, was es war, Gene, Erziehung, irgendein Selbstbild – denn die Umstände können es nicht gewesen sein –, was sie davon abhielt. Robert verdiente sehr gut mit seinen Diebstählen, Hehlereien und Schiebereien. Aber hier war eine Grenze, und die Selbsterfindung der zwei muss schon so weit fortgeschritten gewesen sein, dass sie sie nie überschritten. Wenn ich mich recht entsinne, insistierte Robert wohl, und Friedrich machte ihm klar, dass die Brüder sich weder drohen noch erpressen ließen. Wie, weiß ich nicht.

Es nahm jedenfalls ein tragisches Ende mit dem Dritten Mann von der Gutleutstraße. Ich weiß nicht mehr, ob er im Zuchthaus landete oder sogar umkam später, erschossen wurde. Bemerkenswert daran ist für mich aber eben die Vorstellung, dass die beiden grundehrlichen, ehrgeizigen, aufstrebenden, geschniegelten jungen Männer im Seidenhemd (was Friedrich betraf) tatsächlich einmal am Scheideweg gestanden hatten, und dass es aufgrund ihrer sozialen Lage auch durchaus möglich gewesen wäre, dass sie eine kriminelle Laufbahn einschlugen.

Stattdessen tauchten sie dann zu Beginn der 50er als Strahlemänner und Leistungssportler und parkettsichere Tänzer im Ruderclub auf. Keine Arbeiter, sondern junge Angestellte (auch Friedrich muss zu diesem Zeitpunkt dank seiner unglaublichen Weiterbildungsdisziplin kein blue collar worker mehr gewesen sein). Und obwohl meine Mutter Vorbehalte hegte und mir noch nach dem Tod meines Vaters aus den sie umschließenden Schleiern der Demenz heraus sagte: »Ich hätt' auch was Besseres kriegen können. Es haben sich viele junge Männer um mich bemüht«, verliebte sie sich schnell in ihn und heiratete ihn zwei Jahre nach ihrem Abitur.

Friedrich heiratete Anne, die ein Jahr jünger war als er, und die er über meinen Vater kennengelernt hatte, der mit ihr auf der Berufsschule gewesen war. Wie die Brüder kam Anne aus armen Verhältnissen und wollte aufsteigen. Ihr Vater war ungelernter Arbeiter, ihre Mutter Putzfrau, und sie brachte es schließlich bis zur Personalchefin der Zürich-Versicherung. Ich besuchte sie öfter in dem mittlerweile abgerissenen Zürich-Haus an der Alten Oper.

Es waren Aufstiege möglich und an der Tagesordnung (Rudolf Leiding, der Ex-VW-Chef und Innovator mit Volksschulbildung, ist ein gutes Beispiel) damals, wie sie heute in Deutschland nicht mehr denkbar erscheinen. Meine Verwandtschaft ist der Beweis für eine Durchlässigkeit der sozialen Klassen, wie sie zuvor ausgeschlossen war und heute utopisch erscheint. Allerdings zeichneten diese Generation auch eine Arbeitsdisziplin und ein Wille aus, das Prekariat zu verlassen, die seltener zu werden scheinen und da, wo sie herrschen, auch häufig nicht mehr ausreichen.

Wer, der heute eine Lehre nach ein paar Wochen schmeißt, weil das tägliche Aufstehen ihm nicht behagt, würde wohl wie Friedrich neun Jahre lang neben einer 48- (wohlgemerkt) Stunden-Woche im Abendstudium einen Industriemeister, einen Maschinenbauingenieur und einen Architekten BA machen? Und welche Berufe stehen einem Hauptschulabsolventen überhaupt offen? Im Jahr 2020 würde mein Vater mit seinem Abschlusszeugnis wieder Post-Jungbote werden.

(Während ich dies schreibe, entdeckte ich ein Interview mit dem ehemaligen Neuköllner Bezirksbürgermeister Buschkowsky, in dem er von den Tugenden spricht, die die frühere SPD forderte und unterstützte: »Durchhaltevermögen, Beharrlichkeit, Engagement, Fleiß, Zielstrebigkeit und Selbstbeherrschung. Ich nenne das Zivilisationskompetenzen. Der innere Antrieb, seinen Lebensunterhalt selbst zu verdienen, ist für Menschen wie Sie und mich eine Selbstverständlichkeit. Dem Job nachgehen, auch wenn man Kopfschmerzen hat oder sich nicht gut fühlt.«

Insofern waren mein Vater und mein Onkel in jenen Jahren typische SPD-Kundschaft und auch archetypische SPD-Wähler. Es ist ja das Paradoxon der Sozialdemokratie, bzw. aller linken Politik: je erfolgreicher sie ist, desto obsoleter macht sie sich. Sobald mein Vater und mein Onkel in den frühen Siebzigern in eine höhere Steuerklasse rutschten, wählten sie CDU.)

Letztes Jahr sagte mein Onkel anlässlich seines 90.

noch: »Zu meiner Zeit konnte ein Maurerpolier eine vierköpfige Familie ernähren, seine Kinder auf die höhere Schule schicken und sich ein Häuschen bauen, ohne dass seine Frau arbeiten musste. Das ist heute so weit weg wie der Mond.«

Elfriede lebte ab Mitte der Fünfziger mit Egon zusammen, meinem kleinen sehnigen, braungebrannten, kettenrauchenden »Onkel Egon«, der einmal sonntags mit mir in seinem zweifarbig lackierten 12m zum Kuchenholen geschickt wurde. Er saß in seinem ärmellosen Feinripp-Unterhemd am Steuer, das er mit der Rechten bewegte, während er in der Linken, die aus dem offenen Fenster hing, eine Bierflasche hielt und an den roten Ampeln ansetzte, bevor er dann, wechselte die Farbe auf Grün, mir zuliebe einen Kavaliersstart mit qualmenden Reifen hinlegte. Ich liebte ihn dann so heiß wie meine Mutter ihn verabscheute. Sichtbare Unterschicht in der Familie, und das am heiligen Sonntag, wenn alles sich schön gemacht hatte!

Ihm jedenfalls machte es nichts aus, die ›gefallene‹ Elfriede zu heiraten, es wurde, angesichts des Temperaments der beiden, eine recht physische, aber erstaunlich langlebige und von Solidarität geprägte Beziehung. Selbstverständlich verachteten mein Vater und Friedrich Egon und die ganze Konstellation zutiefst (mir wurde als Kind auch deutlich gemacht, dass diese Familie eigentlich kein Umgang für uns sei – und Sabine erzählt mir noch heute, welch diebische Freude es ihr bereitete, wenn wir dort in Fechenheim zum Spielen nach draußen geschickt wurden, mit mir ins Brachland Richtung Main zu gehen, wo ich mir meine schicken Sonntagsklamotten verdreckte. Meine Mutter staffierte mich, als ich vielleicht sechs oder sieben war, zu diesen Besuchen bei Elfriede mit Blazer und Fliege aus und schlug dann, als ich wieder reinkam, die Hände überm Kopf zusammen. »Ich leg dich übers Knie! Du kriegst's mit dem Kochlöffel!« Und Sabine kicherte wahrscheinlich in sich hinein.). Wahrscheinlich erinnerte Elfriede die Brüder – ähnlich wie zuvor der Anblick ihrer Schwester Gerda auf der Straße – an die soziale Situation, die sie um jeden Preis hinter sich lassen und deren Bilder sie von der Tafel der Erinnerung löschen wollten.

Elfriede muss entsetzlich unter dieser Herablassung gelitten haben, jahrzehntelang. Sabine hat erzählt, dass Elfriede wohl fünf oder mehr Fehlgeburten hatte, alle zu Hause, alles Blutbäder, Egon und sie wollten ein eigenes Kind. In den frühen Siebzigern erlitt die 40-jährige Elfriede dann einen leichten Schlaganfall, der keine bleibenden Folgen hinterließ, aber als dessen Ursache die Ärzte den intensiven Konsum der frühen Pille ausmachten, die sie verschrieben bekommen hatte, damit die Fehlgeburten sie nicht töteten.

Aber auch Elfriede machte eine erfolgreiche Lehre, bei der Dresdner Bank, davon hielt ihr chaotisches Leben sie nicht ab – ich nehme an, ähnlich wie mein Vater musste sie bei der Suche ohne die Hilfe ihrer Mutter auskommen – und blieb dort bis zu ihrer Verrentung mit 65, fast 50 Jahre lang.

Ist es logisch oder erstaunlich, dass in dieser Familie nur wenige Kinder gezeugt und geboren wurden? Meine

Eltern bemühten sich nicht um ein zweites Kind, obwohl mein Vater vergleichsweise gut verdiente und meine Mutter nicht zu arbeiten brauchte. Friedrich blieb kinderlos. Anne ging ihre Karriere vor, außerdem wurde in der Familie gemunkelt, er sei zeugungsunfähig infolge eines Unfalls in seiner Jugend. Genaueres weiß ich nicht, aber wenn nicht mit Anne, wäre angesichts Friedrichs extramaritaler Aktivitäten irgendeine Geburt nur wahrscheinlich gewesen. Und auch Elfriede blieb bei ihren zwei Kindern, von denen sie wie gesagt nur eines aufzog.

Binnen dreier Generationen also von der Kleeberg'schen reichen Bauernfamilie mit 14 Kindern oder der Lindheimer Bäckersfamilie mit zwölf über die denkbar unbürgerliche Konstellation mit drei ehelichen und mindestens zwei unehelichen Kindern hin zur minimalen Kleinfamilie mit einem einzigen oder gar keinem.

Ich wuchs die ersten fünfzehn Jahre meines Lebens im festen Glauben auf, wir seien eine exemplarisch wohlsituierte Familie. Wie die meisten Kinder dachte ich, unsere Art zu leben sei Goldstandard. Elfriede, Egon und Sabine waren die armen Verwandten, die Lindheimer waren die (etwas rückständigen) Verwandten vom Land, meine Oma war die liebevollste alte Dame, die sich denken ließ. Ich hielt uns, angeleitet vom Selbstverständnis meiner Eltern, für Bürgertum, in scharfer Abgrenzung zur Arbeiterklasse (die mit den Lohntüten). Bürgertum lernte ich erst kennen, als wir nach Großhansdorf zogen, und entsprechend groß war der Schock und das Gefühl, betrogen worden zu sein. Dass es soziale Klassen gibt, lernte ich mit 16, und zugleich damit auch (selbst wenn ich mir das lange nicht eingestand), dass die Schranken, die sie trennten, unüberwindbar waren und blieben.

Es ist interessant, dass ich, obwohl ich als Kind permanent informiert war über das Gehalt meines Vaters und die Schuldturmängste in Bitz mich traumatisierten, Geld (und was damit einhergeht: Bildung, Auftreten, Beziehungen, ein Selbstgefühl) als etwas Entscheidendes, Trennendes, Bedeutungsvolles erst mit dem Umzug in den bürgerlichen Hamburger Vorort kennenlernte.

Und von heute aus gesehen ist mir klar, dass ich ganz genauso reagierte wie mein Vater dreißig Jahre zuvor: Mit dem Versuch, mich selbst (neu) zu erfinden und dabei alles Herkommen zu leugnen. Der Kleeberg'sche Mensch als Tabula rasa, als Palimpsest, als Selbstdenker (und Selbsthenker). Und mutatis mutandis scheiterte ich an dieser Aufgabe genau wie er und aus denselben Gründen wie er – sprich: weil ich meines Vaters Sohn war und bei allen Versuchen, mich diametral von ihm zu unterscheiden, ganz genauso vorging wie er: allein, autonom, mit dem Kopf durch die Wand, über die Köpfe der anderen hinweg, die man gar nicht wahrnahm, in Unkenntnis und Ignoranz der Verhältnisse, unstrategisch, mich als völlig autarkes Wesen sehend, das nirgendwo herkommt, nirgendwo dazugehört (dazugehören will), und das daher nicht nur die Mittel missversteht, sondern vor allem auch das zu erreichende Ziel völlig verzerrt und völlig unrealistisch wahrnimmt. Sich zu assimilieren aus einem Mix von Bewunderung und Verachtung derer, denen man gleichen will, war und blieb zum Scheitern verurteilt.

4. Kapitel

Das Herz ist ein einsamer Jäger

Ich sah meinen Vater zuletzt am Abend vor seinem Tod. Er hatte sich zwei Tage vorher auf eigenen Wunsch in ein Hospiz an der Bernauer Straße verlegen lassen, das schön hätte sein können, wenn der Grund, es aufzusuchen, nicht so sinister gewesen wäre.

Es war ein sonniger Nachmittag, und wir schoben sein Bett auf die Terrasse. Er aß sogar ein wenig, und ich hatte eine sekundenlange Illusion von Wunder und Rettung, bis er die paar Bissen wieder von sich gab. Aber er wirkte entspannt, fast heiter, befreit. Meine Frau meinte, er habe schon viel früher aus der Wohnung fortgewollt. Am Abend, nach Sonnenuntergang, kam der Tod näher.

Aus irgendeinem Grund, der mir nicht klar ist und auch nicht mehr nachzuvollziehen ist, fuhr ich am Morgen mit dem Zug zur Frankfurter Buchmesse, obwohl ich wusste, dass ich ihn nicht mehr sehen würde. Die Termine, die ich dort wahrnehmen sollte, hatten ja keine tiefere Bedeutung. Er hatte mir eine Woche zuvor grünes Licht gegeben: »Natürlich fährst du. Das ist doch wichtig für dein Buch.«

Bei unserem Abschied hatte er das erste Mal nicht

mehr klar geredet. Er starb dann genau in dem Moment, als mein ICE in Frankfurt eintraf, auf der Höhe von Oberrad war, gerade direkt an der Gerbermühle und vor allem am Rudererdorf vorbeifuhr. Ich sehe das als ein Zeichen.

Ich erlebte die Messetage wie in Trance und haderte die ganze Zeit mit mir. Wenn ich diese Reise aus Gründen der Pflichterfüllung angetreten hatte, dann war es ganz gewiss die idiotischste Pflichterfüllung meines Lebens. Aber vielleicht war es auch eine Flucht gewesen.

Und meine Frau sagte mir hinterher: »Er hätte nicht gehen können, wenn du dagewesen wärst. Es war richtig so.«

Offenbar wollte mein Vater alleine sterben.

Am frühen Morgen, während ich in den Zug stieg, waren meine Frau und meine Mutter im Hospiz.

Meine Frau ging, als die Pflegerin oder Ärztin die ominösen Worte sagte: »Er ist auf dem Weg«. Auch weil er, wie sie mir erzählte, mit blutverschmierten oder -verkrusteten Mundwinkeln und dem sich minütlich verändernden Totenschädel kein schöner Anblick mehr war. Aber vor allem wollte er ganz offensichtlich alleine sein. Meine Frau sah und meine Mutter bemerkte, wie er, dessen Hand sie hielt, abwehrende Bewegungen machte – sprechen konnte er nicht mehr.

»Es war klar, er wollte niemanden um sich haben. Es war eine Geste des Wegscheuchens.«

»Ja, ich glaube, er wollte, dass ich ihn allein lasse. Er wollte mir seine Hand entziehen. Aber ich habe sie festgehalten, bis er hinübergegangen war«, sagte meine Mutter.

Im letzten Augenblick also hatte mein Vater allein sein

wollen. Alleine den Weg gehen, was immer das für ein Weg sein mag.

Ist es aber so erstaunlich, dass jemand im Sterben nicht gesellig sein will, der es auch im Leben ungern war? Wobei gesellig nicht das Wort ist, denn gesellig konnte er durchaus sein, es folgte nur nichts daraus. Vielleicht muss ich also so sagen: Ist es nicht natürlich, dass jemand das Sterben mit sich alleine ausmachen will, der immer alles mit sich alleine ausgemacht hat? Hat ausmachen müssen, dann wollen.

Nun hätte ihn ohnehin niemand aus dieser Welt über die Grenze geleiten können, dennoch stellte ich mir die Frage, warum er im Sterben keinen Begleiter dulden wollte, warum er im Leben keine Freunde, keinen Freund gehabt hat.

War er ein einsamer Mensch? Wobei ich nicht meine: Einsam gegen seinen Willen. Nein, ein Mensch, der (außer meiner Mutter?) niemanden brauchte und wollte, keinen Freund, keinen Vertrauten, keinen ›Kumpel‹, schon gar keine Clique.

Ich habe ihm in den letzten Monaten auf eine verdruckste Art und Weise meine Zuneigung und Sorge um ihn klarmachen wollen und ihn auch immer wieder bang gefragt, ob er Schmerzen habe. Aber eines habe ich mich nicht zu fragen getraut: Hast du Angst?

Ich hatte Angst vor der Peinlichkeit der Frage und wohl auch vor der Antwort oder ihrem Ausbleiben. Ein Vater ist kein Freund. Einen Freund hätte ich das fragen können, einem Freund hätte ich antworten können. Vor der Frage, der Gretchenfrage an meinen todgeweihten Vater schreckte ich zurück. Der Freund, der ihn das hätte fragen können, den gab es nicht.

Und vielleicht, denke ich manchmal, gab es einen solchen Freund nicht, damit es nicht zu solchen Fragen kam.

Ich weiß nicht, ob er selbst einmal, über meine Mutter sprechend, gesagt hat: »Wir waren uns genug.« Was ich nie glauben konnte, nicht glauben kann, obwohl es vielleicht tatsächlich so ist.

Aber er war anders als sein Bruder, das steht fest.

Friedrich hatte ein normales Sozialleben (allerdings im Gegensatz zu meinem Vater keine glückliche Ehe), er ist sein Leben lang Mitglied des Ruderclubs geblieben, er hatte einen besten Freund, Claus, einen zehn Jahre jüngeren genial begabten Ingenieur, den er bei Roland unter seine Fittiche genommen hatte und zum Rudern und zum Rugby mitnahm. Claus ist noch letztes Jahr beim 90. meines Onkels dabei gewesen. Und als wir in den Siebzigern zwei Jahre hintereinander umständehalber Weihnachten bei ihm verbrachten (1974 war das Begräbnis meiner Großmutter mütterlicherseits um die Zeit in Lindheim, ein Jahr später hatten wir praktisch kein Dach über dem Kopf, weil das neu gebaute Haus noch nicht fertig war, und die Eigentümer drei Tage vor Weihnachten unversehens in ihr von uns gemietetes zurückkamen und es natürlich, was sie vorschlugen, ein völlig unmöglicher Gedanke war, das privateste aller Feste gemeinsam mit ihnen unter einem Dach zu verbringen), da war es höchst ungewohnt, dass zum Weihnachtsbraten nicht nur die engste Familie in Friedrichs Haus war, sondern eben auch eine Handvoll Freunde. Oder *Leute*, wie meine

Mutter mir mit verdrehten Augen in unserem Zimmer sagte.

Friedrich also blieb in seiner angestammten Umgebung, fand Freunde und behielt sie. Nicht so mein Vater. Ich glaube, nach der Heirat, nach dem Wegzug aus Frankfurt 1955, hatte er nicht nur keinen Freund mehr (diese Stelle des einzigen Vertrauten hatte ja ohnehin Friedrich innegehabt), sondern auch nie mehr einen Freundeskreis, ja Jahrzehnte nicht einmal so etwas wie ›Bekannte‹, mit denen man sich regelmäßig trifft, ohne sie gleich schon Freunde zu nennen. Leute, mit denen man grillt, Sport treibt, tanzt, Karten spielt, Fahrradtouren macht, was weiß ich, womöglich auch einmal in die Ferien fährt.

Die entscheidende Frage wäre ja: Hat er darunter gelitten? Aber das hat er eben offenbar nicht. Es ging ihm nichts ab, merkwürdigerweise. Er hatte meine Mutter, er brauchte keinen Freund. Gesund finde ich das noch heute nicht, aber warum war es so?

Ob es in seiner Kindheit außer dem Bruder auch einen Freund gegeben hat, weiß ich nicht. Gesprochen hat er nie über einen außer über jenen Schwarzmarkt-Kumpel, den Schieber Robert. Dann gab es natürlich den Ruderclub. Waren die drei anderen seines Wundervierers Freunde? Pat hieß einer, Herbert Beyer ein zweiter. Er hat sie nach dem Wegzug aus Frankfurt nie wieder gesehen. Ebenso wenig wie meine Mutter ihre Schulfreundinnen.

Was gabs überhaupt im Laufe der Zeit an Bekannten, die zu meinen Eltern nach Hause kamen oder von ihnen besucht wurden?

Aus den vier Jahren Friedrichshafen erinnere ich ein

einziges Mal, dass uns jemand, der nicht zur Familie gehörte, zu Hause besuchte, irgendein Kollege meines Vaters. Es gab Kaffee und Kuchen, ich wurde sonntagsmäßig aufgebrezelt mit Fliege und weißem Hemd, und das Einzige, woran ich mich erinnere, ist das regelmäßige flötende, girrende, nervöse »Spitzi! Spitzi!« meiner Mutter, das mir so nachging, dass ich es in einen Roman einbaute. Es brauchte Jahre, bis ich verstand, was dieser enigmatische Laut bedeuten sollte: »Ich bitte Sie!« Also jedes Mal wenn sie keine Umstände machen wollte, jedes Mal wenn sie die Gäste in eine entspannte Stimmung versetzen wollte, dieses verzweifelte »Ich bitt' Sie, Schbitzi, Schbitzi!« Es blieb bei dem einen Mal.

Dann gab es an Duzbekannten noch Siepenkötters, Hansi und Ulla Siepenkötter und ihren unerträglichen Sohn Christoph. Wir sahen einander einmal im Jahr, sie wohnten in Fellbach, glaube ich. Auch da ging es nicht ohne viel »Spitzi, Spitzi« ab, ich musste mich des nervtötenden Christoph erwehren, der jedes Mal, wenn er sich umdrehte, auf eines meiner makellos gepflegten Spielzeugautos trat und für den ich zu sorgen hatte, während die Eltern sich unterhielten. Das letzte Mal sahen meine Eltern sie im ersten Jahr in Großhansdorf. Da war ich 16, schloss, bevor sie kamen, mein Zimmer ab und verließ das Haus, um mich mit meinen Freunden zu treffen. Ulla kannte meine Mutter von den Amerikanern, ihr Mann war sehr sympathisch, stand aber, was selbst einem Kind wie mir auffiel, völlig unter ihrem Pantoffel. Sie betrog ihn dann auch mit dem Vermieter ihrer Wohnung, der sich ungeniert zum gemeinsamen Abendessen dazusetzte.

Zehn Treffen vielleicht in ebenso vielen Jahren – nein, eine Freundschaft will ich das nicht nennen.

Ich fürchte tatsächlich, was einem freundschaftlichen Verhältnis meines Vaters in jenen Jahren am nächsten kam, war die Beziehung zum ominösen Baierle – so groß vielleicht auch deshalb die Enttäuschung. Private Treffen mit Arbeitskollegen meines Vaters gab es ansonsten nicht, das waren Untergebene oder Vorgesetzte, kein Interesse. Und wie ich und er selbst später verstanden, war er auch eher ein unbeliebter Kollge. Mit den Eltern meiner Freunde und Spielkameraden oder mit Nachbarn gab es keinen privaten Kontakt. In Vereinen oder der Kirche oder wo man sonst Freunde findet, waren meine Eltern nicht – ich muss mich damit abfinden und eingestehen, was ich 30 Jahre lang, in denen ich sie als soziale Krüppel ansah, nicht wahrhaben wollte: Sie wollten und benötigten ganz offensichtlich keine Freunde.

Die anderen Familien im Friedrichshafener oder im Böblinger Mietshaus freundeten sich nach und nach miteinander an, die Männer gingen gemeinsam Bier trinken, in der Wohnung meines Spielkameraden und Freundes Michael Mollenhauer auf derselben Etage fanden sich nachmittags die anderen Mütter aus dem Haus zu Kaffee und Likörchen, zu Doppelkopf und Canasta ein.

Meine Mutter sagte noch kürzlich am Tisch im Kreise der anderen dementen alten Damen in ihrer Senioren-WG zu mir: »Wir sitzen hier nicht rum und tratschen! Ich kenne diese Leute ja auch gar nicht.« Und das Wort *tratschen* hatte einen so zutiefst verächtlichen Klang, dass ich noch heute grinse bei dem Gedanken, wie meine Mutter die Nachbarinnen angesehen hätte, würden sie ihr jemals angeboten haben, am Nachmittag zum Kaffee vorbeizukommen. Was allerdings nicht geschah.

Es arbeitete, nebenbei gesagt, damals im Böblinger Mietshaus auch keine der Frauen. Sie waren zu Hause, erzogen die Kinder und machten Hausarbeit. Ein ›Schlüsselkind‹, wie wir das nannten, eines der armen Wesen, die nach der Schule in eine leere Wohnung kamen, weil beide Eltern arbeiteten, war für mich damals Unterschicht, mit der man besser keinen Kontakt pflegen sollte.

Auch später in Großhansdorf, dem Ort, wo niemand in Mietwohnungen lebte, sondern alle ein Einfamilienhaus besaßen, gab es Familien, die sich über uns Jugendliche kennenlernten und sozialen Austausch hatten. Aber nicht meine Eltern.

Keine Abendeinladungen, keine gemeinsamen Ausflüge, geschweige denn Urlaube. Auch ich durfte nie mit anderen Kindern in Urlaub fahren (es hat mich allerdings auch keines eingeladen) oder eines auf unsere Ferienreisen mitnehmen (was ich, um ehrlich zu sein, auch gar nicht wollte. Ich wollte auch, dass wir ›unter uns‹ blieben.). Es war eine andere Welt, in der Familien ihre privaten Stunden mit ›fremden Leuten‹ teilten.

Meine Eltern trafen sich in ihrem offensichtlichen Desinteresse an der Kultivierung sozialer Kontakte. Aber was bei meiner Mutter eine unüberwindbare Schüchternheit war, irgendeinem fremden Menschen natürlich und entspannt gegenüberzutreten, was viele ihr – auch nicht ganz zu Unrecht – als Arroganz auslegten (»diese *Leute*«), das war bei meinem Vater, der ja nun durchaus in der Lage war, sich mit jedermann freundlich zu unterhalten, die tiefinnere Weigerung, sich irgendeinem Menschen gegenüber zu öffnen, die als Diskretion getarnte Gleichgültigkeit oder als Gleichgültigkeit getarnte Diskretion.

Die absolute Isolation meiner Eltern änderte sich erst ein klein wenig, als ich aus dem Haus war. Das war aber, glaube ich, nicht der Grund dafür, ich denke vielmehr, dass mein Vater innerlich entspannte, nachdem er die Generalagentur übernommen hatte, auch wenn es finanziell in den ersten Jahren hinten und vorne nicht reichte. Ich meine aber, mit dem Angestelltendasein seien auch die Bellergal-Jahre vorüber gewesen.

Dennoch waren die ›Freunde‹, die sie dann fanden, selbst wenn mein Vater dazu überging, einige von ihnen zu duzen – meine Mutter schließlich auch –, im Grunde keine Freunde, sondern Zufallsbekanntschaften, Nachbarn oder Kunden. Der Drehbuchautor Rydlewski, mit dem mein Vater sich duzte, aber keine Freundschaft hatte – zu groß war der Abstand der Lebenswelten, ein Nachbar, mit dem er regelmäßig auf Patrouille ging für den Verein für mehr Sicherheit in Großhansdorf, der von Anwohnern gegründet wurde, nachdem die Einbrüche überhandnahmen. (Die reiche Familie vom Nebengrundstück sah typischerweise ein wenig darauf herab: ›Schwarze Sheriffs spielen‹ nannten sie das herablassend. Aber sie hatten permanent Personal im Haus, wenn sie ausgingen. Links sein ist einfach, wenn man reich ist, bemerkte mein Vater dazu.)

Dieser Nachbar, mit dem mein Vater auf Patrouille ging und den er, glaube ich, bis zuletzt siezte, hatte eine ›Lebensgefährtin‹, die meine Mutter für beschränkt hielt und verachtete bis kurz vor ihrem Krebstod. Angesichts des Wissens, dass die Plage, diese Frau im Haus zu haben, bald vorüber sein würde, wurde sie freundlich, ja sogar herzlich. Das ist natürlich eine böse Unterstellung, das einzig Wahre daran ist, dass meine Mutter Abneigung genauso wenig verhehlen konnte wie ich. Sie stand ihr auf dem Gesicht geschrieben. Und so etwas erschwert natürlich gemütliche gemeinsame Abende. Mit der nächsten Lebensgefährtin, die meine Eltern nicht interessierten, endete die Freundschaft dann.

Ein Mann, zehn Jahre älter als er, der während des Krankenhausaufenthalts wegen einer Gallenblasen-OP im selben Zimmer lag und seine sehr norddeutsche S-pitzer-S-tein-Frau, mit der meine Mutter nie warm wurde. Ein weiteres Nachbarspaar, eine Generation jünger als meine Eltern, mit denen sie sich gut verstanden, vor allem mein Vater mit dem englischen Ehemann, obwohl der eine kein Englisch, der andere kein Deutsch sprach. Ein schlitzohriger Antiquitäten- und Trödelhändler und seine Frau, die meine Eltern in den Neunzigern sogar einmal eine Woche in ihre Finca in Spanien einluden. Das endete, als der Mann einen Kredit meines Vaters nicht zurückzahlte. Denn bei dem gingen Nichtfragen, Gutgläubigkeit, der Glaube an den Anstand der anderen, mangelnde Menschenkenntnis und der darauf folgende Reinfall immer Hand in Hand. Warum er, der selbst kein Geld hatte, dem Menschen 10.000 Euro borgte, nur um nach endlosen Streitereien 3000 davon wiederzusehen, ist unerklärlich. Blick ins Männerauge, Handschlag. Das reichte ihm. Und es reichte natürlich selten.

Einmal war ich selbst zu meinem Schaden in eine dieser Geschichten verwickelt.

Mein Cousin, der Jazzmusiker aus der DDR, musste nach der Wende umsatteln. Mein Vater bot ihm an, ihn in der boomenden Versicherungsbranche der Nachwendezeit für seine Württembergische als Generalagent unterzubringen, was Rudolf zunächst ablehnte. Ich befürwortete das sehr. Zu der Zeit entspann sich ein enges Verhältnis zwischen uns. Ich besuchte ihn in Meerane, er war zu meiner Hochzeit in Frankreich und beim 60. meines Vaters zu Gast. Aber ein paar Jahre später arbeitete er doch im Immobilien- und Versicherungsbusiness und musste, wenn ich das richtig erinnere, eine halbe Neubausiedlung verkaufen, wobei er meinen Vater um Hilfe bat. Sie vereinbarten per Handschlag, dass mein Vater von den Häusern, die er an den Mann brachte, die Hälfte von Rudolfs Provision erhielt. Mein Vater leistete sein Teil der Arbeit, und dann kam es, wie es kommen musste (ich erfuhr davon nur über meinen Vater): Rudolf zahlte ihm die Provisionshälfte nicht, sondern behielt sie für sich. Es muss für meinen Vater richtig viel Geld gewesen sein, weit über 10.000 Mark, glaube ich. Und mein Vater tat natürlich das, was er in solchen Fällen tat: Er kartete nicht nach, er diskutierte nicht lange, er brach die Beziehung ab.

Und ich, in der Zwickmühle zwischen beiden – ich hatte ja nichts mit dem Deal zu tun, glaubte natürlich meinem Vater. Das heißt, ich fragte nicht einmal bei Rudolf nach, sondern brach meinerseits den Kontakt ab. Ohne Erklärung. Dickes Blut ist eben dicker als dünnes.

In der Hoffnung, vielleicht mittels einer Außenperspektive mehr über die Bekannt- oder Freundschaften meines Vaters verstehen zu können, habe ich mich vor ein paar Tagen schließlich überwunden, Herrn Rydlewski anzurufen, den ich zuletzt gesehen hatte, als er ein paar Wochen nach dem Tod meines Vaters seine Versicherungs- und Finanzordner aus dessen Wohnung abholte.

Ich fragte den (mittlerweile auch über 70-jährigen) Drehbuchautor, was er von meinem Vater noch im Gedächtnis hatte. Er zwang mir sofort, was ich bei unseren zwei, drei vorherigen Begegnungen hatte abwenden können, das Du auf. »Können wir uns du sagen, bitte. Ich kann das nicht, dieses Siezen. Ok? Ich find das immer so fürchterlich steif.«

Was das eigentlich für eine Beziehung gewesen sei, wollte ich wissen, mich immer wieder vom Sie zum Du verbessernd, was ein Gutteil meiner Konzentration beanspruchte.

»Also, es war jetzt nicht so wirklich eine privat-persönliche Beziehung«, sagte Rydlewski. »Es ging schon immer um die Versicherungen. Aber zugleich hat er sich auch um mich gekümmert wie ein Freund oder Vater.«

Ja, was denn nun, dachte ich.

»Ich bin eben so ein chaotischer Künstlertyp, verstehst du?«, erklärte er. »Wir haben ja häufig zusammengesessen, aber uns eben hauptsächlich über Versicherungen und Finanzsachen unterhalten. Und da hat er mir viele gute Ratschläge gegeben, mit der Finanzierung der Häuser zum Beispiel. Aber es war jetzt nicht wirklich eine tiefergehende Beziehung.«

Dann sagte er etwas, das ich als der Sohn meiner Mutter, der ich in dieser Hinsicht immer gewesen bin, als Beleidigung empfand. Irgendwie hatte ich dem Menschen meinen Vater nie wirklich gegönnt, aber jetzt machte er mich richtiggehend wütend:

»Er klingelte und kam dann mit seiner Aktentasche hoch in die Wohnung, setzte sich hin und hat erzählt. Wer immer den Türöffner drückte, sagte: ›Jetzt kommt der Kleeberg‹. Es war so was Vertrautes, wie soll ich dir das erklären? Genau, es war wie in der Werbung, wenn der Herr Kaiser von der Hamburg-Mannheimer kommt.«

Er lachte über den gelungenen Vergleich. Ich hätte am liebsten aufgelegt, hoffte aber, noch mehr zu erfahren.

»Natürlich kannte er die Familie, die Kinder, die Frauen, also zuerst Lulu, dann Jenny, also wir waren schon befreundet. Wenn ich den Großkreis meiner Freunde eingeladen habe, war er immer dabei.«

»Meine Mutter auch?«

Er zögerte, dachte kurz nach. »Nein, bei mir war er immer alleine. Wenn ich mal bei ihm war, was ja selten vorkam, dann habe ich sie kurz gesehen. Aber er hat auch nicht von ihr gesprochen ...«

Der Cordon sanitaire, dachte ich.

»Aber so, jetzt gehen wir mal abends einen Wein trinken – nein, das ist nicht vorgekommen. Das war irgendwie ... Vielleicht hatte er ja auch zu viel Respekt vor meinem Erfolg und Geld ...«

Ich atmete tief durch.

»Ich hab immer Väter gesucht, vielleicht wollte ich deswegen in ihm auch keinen Freund sehen. Aber er war eben jemand, der sich ein bisschen um mich gekümmert hat.«

»Er hat auch viel erzählt von Lulu und den Kindern«, sagte ich, die Angel auswerfend.

»Ja, er hat den Kurzen auch so kleine Geschichten erzählt, wenn er da war«, fiel es Rydlewski ein.

Jetzt kommen wir der Sache nahe, dachte ich.

»Du, stimmt ja!«, rief er. »Hat er die nicht auch mal sogar aufgeschrieben? Ja, genau, jetzt erinnere ich mich. Und ich glaube, da hat er mir auch welche gegeben in der Hoffnung, man könnte das verfilmen ...«

»Und?«, fragte ich. »Waren sie denn gut?«

»Du, ich arbeite ja nicht im Kinder- und Jugendsegment. Kenne da auch keinen. Da konnte ich, wenn ich mich recht entsinne, nicht viel machen. Ist nicht so mein Genre ...«

Und so, dachte ich, waren die Geschichten, mit denen mein Vater Geld verdienen wollte, ebenso im Wandschrank gelandet wie der Teddy seiner Geschichte für meine Tochter.

Als mir nichts mehr zu fragen einfiel und ihm nur noch Wiederholungen einfielen (»Es war schon etwas Freundschaftliches. Aber eben nicht so eine Männerfreundschaft.«), dankte ich ihm und verabschiedete mich.

Hinterher versuchte ich zu analysieren: Offenbar waren sie doch beide auf ihre Kosten gekommen. Rydlewski empfing ab und zu das konsequenzenlose Vaterersatzbild, den Ratgeber ohne Vaterautorität und konnte sich dabei vielleicht dauerhaft jung fühlen (und vor allem wurden ihm gegen geringes Entgelt – die ganzen Steuersachen aus der Hand genommen und seine Überschüsse investiert – vermutlich besser als mein Vater für sich selbst investierte), und meinem Vater gefiel vielleicht das inszeniert Künstler-Bohemehafte in dem TV-Kontext, den er kannte. Tiefer musste es offenbar für keinen der beiden gehen. Tiefer musste (und sollte?) es für meinen Vater offenbar nie gehen. Und wenn ich das Verhältnis zu Rydlewski einmal als beispielhaft für die Kapazität und den Willen meines Vaters zur Freundschaft nehme, dann bleibt dasselbe rätselhafte Ergebnis, auf das ich auch vorher schon gekommen war: Ein Vaterloser, der einmal den väterlichen Ratgeber, einmal den kleinen Bruder spielt, aber für die Rolle als er selbst nie ein Korrektiv besessen hat.

Wenn man ihn nach solchen Besuchen bei Rydlewski, bei Frau Burkhard oder bei wem auch immer fragte, was denn nun geredet worden sei, zuckte er die Achseln und meinte, er könne sich nicht erinnern. Oder er ließ irgendetwas verlauten, sozusagen einen Teaser, und wenn man mehr hören wollte, kam immer das ›Ich frage nicht nach. Wenn die Leute mir was erzählen wollen, höre ich zu, aber ich bohre nicht nach.‹

Und, das füge ich jetzt hinzu, er fragte nicht nur nicht, was die anderen Leute dachten oder fühlten, er sprach auch nicht über seine eigenen Seelenzustände. Nie, solange ich lebe, vielleicht vorher. Und vielleicht mit meiner Mutter. Die sich, wenn es so war, nicht mehr daran erinnert, so wie sie sich kaum mehr an die Existenz ihres Mannes erinnert. Wenn ihr heute etwas nicht recht ist, bittet sie darum, ihre Eltern zu benachrichtigen.

Mein Vater, der große Geheimnistuer. Der große Diskrete. Der sich, als meine Mutter ›nachließ‹, wie er das dann nannte, lieber von uns und sogar auch von ihr Vorwürfe machen, sich als Haustyrann bezeichnen ließ, als irgendein klares Wort zu sagen oder uns reinen Wein einzuschenken.

Dass Dinge, die ihm anvertraut wurden – und die Leute vertrauten ihm offenbar gerne Dinge an – bei ihm so sicher wie im Grabe waren, ist das eine. Aber der Zustand meiner Mutter, von dem sie selbst nichts mitbekam, war ja nun nicht so eine vertrauliche Privatangelegenheit, die auszusprechen taktlos gewesen wäre. Oder doch? Verstand mein Vater mit seinem »Ich frage nicht nach« und »Ich bin diskret und plaudere nichts aus« irgendetwas an der menschlichen Kommunikation völlig falsch?

Manchmal denke ich auch, er konnte deshalb über das ihm Anvertraute schweigen, weil er es einfach vergessen hatte, weil es zum einen Ohr hinein und zum anderen wieder hinausging. Weil er sich nicht wirklich für andere Menschen interessierte oder sich tief innerlich auf sie einließ. Was sie nicht hinderte, ihn immer gerne als Vertrauensperson zu nutzen. Aber eben vielleicht auch so, wie man irgendein peinliches Stück Leben einfach in eine Erdspalte wirft, in der es verschwindet. Und vielleicht war mein Vater auch deshalb kein nachtragender Mensch (im Gegensatz zu meiner Mutter und mir), weil er die Dinge schlicht vergaß ...

Freunde, ein Freundeskreis, Vertraute, Menschen, die einem Geständnisse machen und denen man ebenfalls

Geständnisse macht? Menschen, auf die man sich verlässt und die sich auf einen verlassen? Fehlanzeige. Gab es nicht.

Stattdessen also die Familie?

Auch nicht wirklich, wenn man genau hinsieht:

Keiner meiner Eltern war bei den Sterbenden der vorherigen Generation oder bemühte sich auch nur darum: Nun starb Martha, obwohl 85-jährig, tatsächlich unerwartet einen schnellen, gnädigen Tod, lesend in ihrem Sessel in der kleinen Wohnung, die Friedrich ihr besorgt hatte. Aber der Vater meiner Mutter starb nicht im Beisein seiner Tochter, sondern in Kassel, wo er als Pförtner des Hessischen Rundfunks gearbeitet hatte, während meine Mutter in Friedrichshafen saß. Und da war es mehr oder weniger klar, wie lange er noch hatte. Sie hätte auch bei ihm ausharren können. Und auch die demente – damals nannte man das noch ›wunderliche‹ oder ›vergessliche‹ – Käthe, die im ersten Stock eines Privathauses lebte in Lindheim wieder, war alleine, als der Schlaganfall sie traf. Es war kurz diskutiert worden, das geplante Haus, das meine Eltern bauen wollten, mit einer Einliegerwohnung für sie zu versehen, aber sie wollte nicht mehr verpflanzt werden, und dann kam der Tod ja auch lange vor dem Hausbau.

Die Verwandtschaft im Raum Frankfurt bekam ein- bis zweimal im Jahr wenige Tage von uns Besuch. Anlass war meist entweder Ostern (damit ich von überallher meine Ostereier bekam) oder Pfingsten, in Lindheim traditionell das Wochenende der Kerb. Meistens führte der Weg über Fechenheim und einen Besuch bei meiner Großmutter und einen kurzen bei Elfriede, und während ich die Nacht bei Martha verbrachte, trafen meine Eltern sich mit Friedrich und Anne bzw. Friedrich und Magda in den frühen Siebzigern. Dann ging es am nächsten Tag weiter zur Verwandtschaft mütterlicherseits nach Lindheim und zu Elsa, der einzigen Person, glaube ich, in deren Gegenwart meine Mutter jemals völlig entspannt und sie selbst war.

Zwischen den beiden wurden vielleicht Sorgen und Geheimnisse ausgetauscht, ich weiß es nicht, aber wenn meine Mutter jemals mit irgendjemand anderem als meinem Vater private Dinge besprochen hätte, dann mit ihr.

Ich glaube auch nicht, dass mein Vater und mein Onkel nach ihrer Heirat noch jemals beieinander Rat gesucht oder tiefschürfende Gespräche über Lebensplanung oder Lebensprobleme geführt haben. Mit Elfriede war das ohnehin undenkbar. Zu tief war die Kluft zwischen großem Bruder und kleiner Schwester, und es spricht für die Verzweiflung meines Vaters in der Captain-Brooks-Affäre, dass er sich so sehr erniedrigte, ausgerechnet sie um Geld zu bitten. Aber vielleicht empfand er das zu diesem Zeitpunkt auch längst nicht mehr so, es wird einem im Alter ja vieles viel gleichgültiger, was zuvor noch von existentieller Wichtigkeit war.

Zu sagen also, dass meine Eltern Freunde weder brauchten noch vermissten, weil für sie alles um Familie kreiste, wäre stark übertrieben. Jedenfalls nicht diese Familien. Ich glaube tatsächlich, Familie waren nur wir drei, und wenn ich diesen Satz hinschreibe, wird mir plötzlich die Luft knapp. Das konnte keine gesunde Konstellation sein.

Meine Eltern lebten 62 Jahre zusammen, und nur in den ersten drei Jahren in Frankfurt war die Familie in der Nähe oder gab es so etwas wie einen Freundeskreis, wie man ihn von anderen Menschen kennt.

Irgendwie müssen sie also alles Wichtige unter sich ausgemacht haben, und wenn einer Dampf ablassen wollte, was ja in so einer engen Konstellation zwangsweise regelmäßig nötig ist – nun, dann war ich da. Dass das logischerweise gar nicht anders sein konnte, ist mir bisher gar nicht so klar gewesen. Dass meine Mutter sich über die Schwächen und Unfähigkeiten meines Vaters bei mir ausließ und dass mein Vater mich schlug, wenn der Jähzorn ihn packte (an meine Mutter hat er nie Hand angelegt), das ist die Konsequenz dieser Art von ausweglosem Familienleben gewesen.

Vielleicht also wäre ich körperlich (und seelisch) völlig unangetastet und heil durch meine Kindheit gekommen, wenn meine Mutter mehr *getratscht* hätte, anstatt mir ihr Herz auszuschütten bzw. sich bösartig über meinen Vater zu mokieren, und wenn mein Vater sich ab und an im Kreise seiner Freunde zugesoffen hätte oder, wie Friedrich das nicht ohne Stolz erzählte, den ein oder anderen Barroom-Fight vom Zaune gebrochen, anstatt auf mich einzuschlagen.

Viel von meiner eigenen latenten Aggressivität und zeitweise aufkommenden Mord- und Totschlagsfantasien, wäre mir wahrscheinlich auch erspart geblieben. Oder aber ich hätte, wäre ich nicht an dem Double-Bind irre geworden, einerseits meinen Vater totschlagen zu wollen und andererseits nicht über das Tabu hinwegzukommen, die Hand gegen ihn zu erheben, was mich lähmte und zu einem autoaggressiven Menschen machte, öfter einmal eine gesunde Prügelei gesucht und bestanden. So stand ich in den meisten Fällen, wenn es in meiner Kindheit und Jugend einmal handgreiflich wurde unter Gleichaltrigen, unter Schockstarre und brütete danach wochen-, monate- und jahrelang die barbarischsten, blutigsten Rachefanta- sien aus. Wenn ich dann aber doch einmal zugeschlagen habe in meinem Leben, erfüllte mich die blutige Nase eines zu Boden Gegangenen jedes Mal mit einem peinlich intensiven Glücksgefühl.

Das Merkwürdigste ist aber, dass dieses kleinbürgerli- che Kleinfamilienkonzept, Vater, Mutter, Kind, Haus und geregelte Arbeit trotzdem zu meinem eigenen Kompass- norden geworden ist. Nach einigen Jahren, in denen ich, auf mich selbst gestellt, andere Lebensformen und Prak- tiken ausprobierte, Jahren, in denen die Nadel sich sozu- sagen gedreht hatte, richtete sie sich irgendwann ein, und mir war, als sei ich nun endlich zu mir selbst gekommen. Mit dem Vorteil, dass alles, was in diesem Leben keinen praktischen Platz mehr hatte, in die Literatur fließen konnte.

Mein Vater bestand aus mehreren Personen, die ich bis heute nicht zu einer kohärenten Persönlichkeit verbin- den kann. Da war der jähzornige Bellergal-Mann meiner Kindheit, angespannt, aggressiv, permanent kurz vor dem Ausbruch, aber auch der unendlich zärtliche, ver- schmuste, immer duftende Papa, dessen Hautnähe ich suchte, der mit mir spazieren ging, Drachen steigen ließ,

Schlitten fuhr, der mir erzählte und seine Bildgeschichten aufschrieb. Da war der Mann, der spät erkannte, dass er für die Teamarbeit seiner ersten 40 Berufsjahre nicht gemacht gewesen war, der weder mit Chefs noch mit Untergebenen zurechtkam, der nicht führen konnte und sich nicht unterordnen (dem ich mich am meisten verwandt fühle). Und da war zugleich auch der Mensch, den jedermann auf Anhieb mochte, der in jedem privaten Kreis geschätzt wurde, zu dem die Menschen Vertrauen fassten, dem sie sich anvertrauten, ohne dass er sich je jemandem anvertraut hätte, der auf der Mittelmeerkreuzfahrt meiner Eltern 1972 zum ›Mister Simpatico‹ gewählt wurde. Ein Mann wie gemacht für Freundschaften und Freundesrunden, der nie einen Freund hatte. Da war der Mister Hyde, von dem ich meinen ungläubigen Freunden erzählte, die nur den jovialen, mit seinem Frankfurter Dialekt vielleicht ein wenig possierlich wirkenden, leicht zerstreuten, aber immer freundlichen Dr. Jekyll erlebten.

»Weißt du eigentlich noch, wie du mich geschlagen hast als Kind?«, fragte ich ihn einmal, als wir in den letzten Monaten zusammensaßen.

»Ich dich geschlagen? Ich hab dich doch nicht *geschlagen* ...«

»Na und ob.«

»Kann ich mich nicht dran erinnern. Vielleicht mal 'n Klaps auf den Hintern. Aber nur wenn dus verdient hattest.«

Und er lächelte.

Es war ein kleines, fast schelmisches Lächeln auf diesem sehr hager gewordenen Gesicht dieses langsam

Sterbenden. Ich sah ihn an und lächelte wohl etwas gequält zurück. Ich dachte: Hat ers wirklich vergessen? Was gut möglich wäre. Nicht nur verdrängt, sondern wirklich vergessen, weil man sich ja nicht an jeden Affekt seines Lebens, an jede getötete Fliege erinnern kann. Oder will er sich nicht dran erinnern, weil er sich schämt und jedes Wort der Entschuldigung nur pathetisch klingen würde? Und Pathos versuchten wir ja beide zu vermeiden in diesen Monaten und letzten Wochen.

Aber ich: War es mir denn noch wichtig? Und wenn ja, was war mir wichtig? Hatte ich tatsächlich Angst, der 83-Jährige würde seinem 55-jährigen Sohn plötzlich gestehen, er habe ihn geschlagen, weil er ihn gehasst hatte, weil er ohnehin nie ein Kind wollte, weil das Kind ihn störte auf seiner permanent angespannten, permanent erregten, permanent aggressiven Flucht vor der eigenen Vergangenheit?

Ich habe den Geruch – nein den Duft – meines Vaters immer geliebt. ›Ich kann jemanden nicht riechen‹ – diese Redensart verbirgt eine tiefe Wahrheit, die umgekehrt genauso gilt: Wenn man den Geruch eines Menschen liebt, dann schafft das emotionale Verbindungen, gegen die die Ratio machtlos ist.

Und deshalb war mein Verhältnis zu ihm im Guten wie im Schlechten intensiver als das zu meiner Mutter. *Sie küßten und sie schlugen sich.* Dieser (nicht ganz korrekt zitierte) Filmtitel fällt mir dazu immer wieder ein, und er ging mir auch durch den Kopf, wenn ich in den Monaten und Wochen vor seinem Tod neben ihm saß und mich scheute, ihn ›liebzuhalten‹, wie wir das in der Familie immer genannt hatten, also ihn zu umarmen, zu drücken. Einerseits hatte ich Angst, irgendetwas in diesem fragil gewordenen Körper könne brechen, wenn ich ihn so umarmte, wie ich das wollte, nämlich so fest, dass ich die Krankheit aus seinem Körper pressen würde. Zugleich auch eine atavistische Scheu, den sichtbar Todgeweihten anzufassen.

Zugleich wieder die Erinnerung an frühen Hass in dem Gedanken, dass es jetzt ein Leichtes (zu Leichtes) sein würde, jeden Knochen in diesem verkrebsten Körper zu brechen.

Mussten wir noch einmal über die Situationen sprechen, in denen meine Eltern mich geschlagen, in denen sie dem Kind gegenüber, das ich war, körperliche Gewalt angewendet hatten? Mussten wir noch einmal diese leidigen Erinnerungen an meinen jähzornig auf mich einprügelnden Vater wachrufen und an mich, der sich nicht oder kaum wehrte und in dem der Hass und die Vernichtungswünsche im Lauf der Zeit Splatter-Qualität annahmen?

Ich hatte in diesen Situationen immer eine unüberwindliche Beißhemmung. Als kleines Kind natürlich aus schierer Ohnmacht angesichts der überlegenen Kräfte meiner Eltern. Aber auch später schlug ich, obwohl ich mehrmals ganz kurz davor war, mich von meinem blinden Zorn und Hass überwältigen zu lassen, nie mit voller Kraft zurück oder auf meinen Vater ein. Ich weiß noch, wie ich später als Erwachsener, vor allem in der Zeit, in der ich viel Kampfsport trieb, den Führerschein entzogen bekam und radfahren musste und rundum fit war, immer einmal wieder dachte: Und wenn ich jetzt zuschlage, wenn ich ihn jetzt zusammenschlage, dann wird er unterliegen. Wobei der Gedanke, dass er sich vermutlich gewehrt hätte – anders als ich – in meiner Vorstellung der pure Horror war. Ein Tabu. Nicht aus Angst, aber ich wusste, ich wusste immer, dass irgendetwas unwiderruflich zerstört worden wäre, nie wiedergutzumachen, wenn es wirklich zu einer beidseitigen Schlägerei gekommen wäre, wenn ich tatsächlich meinen Vater, wie ich es mir oft ausmalte, zu Boden geschlagen hätte, wenn der große Mann dort blutend und hilflos gelegen hätte. Alles hätte dann einen völlig anderen Weg genommen.

Insofern war ich der Klügere, der nachgibt. Meine Kindheit hindurch natürlich auch der Schwächere, der nachgibt. Meistens ist das ja nicht sauber zu trennen.

Es sind im Grunde ungeheuerliche Erinnerungen, und wenn ich sie denn einmal erwähne, schauen mich alle Leute ungläubig an, die Freunde, selbst meine Frau: So schlimm kann es ja wohl nicht gewesen sein. Sodass ich mich manchmal selbst frage, ob ich das nicht alles geträumt habe. Ein Zettel, der leider mittlerweile verschollen ist, aber den ich jahrelang aufbewahrte, könnte mich eines Besseren belehren. Irgendwann, war ich acht, zehn oder zwölf? – ich weiß es nicht mehr, schrieb ich mir unter Tränen nach einer solchen Prügelattacke auf: ›Du darfst es nie vergessen. Papa ist der Feind. Ihn musst du umbringen.‹

Du darfst es nie vergessen: Ich wusste sehr gut, dass es wie üblich schnell vergessen sein würde, meist schon am gleichen Versöhnungsabend in seinem Bett oder am nächsten Tag, auch ohne Entschuldigung von einem von uns. Es war aber, fühlte ich, meine Schwäche, immer einzulenken anstatt auf Revanche aus zu sein, und mit diesem Zettel wollte ich mich immer wieder dran erinnern können, dass mir Unrecht geschah und dass ich es nicht dabei bewenden lassen durfte.

Wie kann man das einordnen?

Dass Kinder geschlagen wurden, war in den Sechzigern noch gang und gäbe. Eltern schlugen, Lehrer schlugen, Pfarrer schlugen. Es wurde mit verräterischen Diminutiven bezeichnet: ›Backpfeifen‹, ›Ohrfeigen‹ – ›eine kleine Tracht Prügel hat noch niemandem geschadet‹. Meine Mutter sagte noch Jahrzehnte später im Scherz den Satz, den sie bitter ernst gemeint und in die Tat umgesetzt hatte, als ich vier oder fünf war: »Wenn du nicht brav bist, leg ich dich übers Knie und hau dir das Ärschchen mit dem Kochlöffel.«

Das hörte aus physischen Gründen der Praktikabilität auf, als ich vielleicht sechs war, aber ich weiß noch, dass das Erniedrigendste daran war, die Hosen runtergezogen zu bekommen, um dann die Schläge auf die nackte Haut zu erleiden, mit dem hölzernen Kochlöffel, mit dem normalerweise die Suppe umgerührt wurde.

Ich meine, mein Vater war selbst der Sohn eines prügelnden Vaters gewesen. Sollte man nicht denken, dass einen so eine Erfahrung eher immunisiert? Jedenfalls schüttelte er genauso wie bei den Nachfragen über seine Schwester Christa den Kopf und schwor, sich an dergleichen nicht erinnern zu können. »Du übertreibst mal wieder maßlos.«

Viele Kinder bekamen also solche Backpfeifen und Ohrfeigen, regelrecht im Jähzorn geprügelt wurden nur wenige, die ich kannte. Und dann gab es natürlich auch diejenigen, die mich ansahen als erzähle ich ihnen Horrorgeschichten aus den Dritten Welt, und deren Eltern nie auch nur mit dem Gedanken gespielt hatten, Hand an sie zu legen.

Ich habe keinen statistischen Beweis dafür, aber ich glaube, dass der Grenzverlauf zwischen prügelnden oder schlagenden Eltern und den anderen einen Grenzverlauf des Bildungsniveaus darstellt (pathologische Ausnahmen ausgenommen). Und da die Bildung und was mit ihr einhergeht, nämlich die Fähigkeit abstrahieren, argumentieren und sich effizient ausdrücken zu können auch, mehr als der reale Kontostand, ein soziales Distinktionsmittel ist, glaube ich ebenso, dass das Zuschlagen oft das Ventil ist, mit dem sich der unartikulierte, sozial unten oder abseits Stehende gegenüber dem, der ›immer nur redet‹, seine Revanche verschafft.

In gewisser Hinsicht waren vielleicht auch die Prügel, die mein Vater mir verabreichte, eine solche Revanche des rhetorisch unbeschlagenen, unartikulierten Mannes mit Volksschulbildung gegen seinen Gymnasiasten-Sohn, der (angestachelt von seiner Mutter) den Vater mit seiner vermeintlichen Bildungsüberlegenheit, seiner Rhetorik und seiner Aussicht auf eine höhere soziale Stellung erniedrigte und beleidigte.

Aber seltsamerweise war es alles so unwichtig geworden, all der alte, lang vergangene Groll, all die Enttäuschungen, die wir einander bereitet haben mochten. Aber war da nicht noch mehr als die Resignation zwischen Vater und Sohn, die der alten Kämpfe müde geworden sind?

In meiner Kindheit und Jugend wollte er, dass ich der »Herr Doktor« der Familie würde, also etwas studierte, das mich die Grenzen, die Friedrich und er erfahren hatten, durchbrechen ließe. Friedrich erzählt noch heute von dem schwierigen Verhältnis, das er noch als Abteilungsleiter der Bauabteilung von MAN-Roland zu seinem Vorgesetzten, dem Vorstandsmitglied Doktor Richard, hatte, der ihn quälte, mobbte und deckelte, wo er konnte und ihn seine Tendenz, mit seinen Sekretärinnen Verhältnisse zu beginnen, büßen ließ. An den Doktoren war kein Vorbeikommen, das muss meinem Vater und meinem Onkel, die bestimmt fähiger waren als so manche von ihnen, ihr ganzes Arbeitsleben lang ein Stachel im Fleisch gewesen sein. Und logischerweise war ich nun die Generation, die studieren und ein Studium mit dem Doktortitel abschließen würde, um sie nicht gerade zu rächen, aber um es eben besser zu haben, vor allem psychologisch.

Es muss meinen Vater sehr geschmerzt haben – gar nicht mal seinet-, sondern meinetwegen –, dass mir das nicht gelang, ja dass ich nicht das geringste Interesse daran zeigte, ein Akademiker zu werden. Wer weiß, vielleicht war es sogar das ewige Gerede von deren Kaste, die Vater und Onkel das Vorankommen unmöglich machte, dass ich unterbewusst eine Abneigung gegen sie entwickelte, aus Familiensolidarität und -loyalität. Vielleicht aber war es auch der alltägliche Einfluss des Nichtakademiker-Milieus mit dem permanenten Primat der Arbeit und des Geldverdienens, der mir das Erlernen von

Disziplin im geistigen Lernen und Arbeiten so fremd und schwer machte.

Ich blieb denn auch lange immer einmal wieder auf Geldspritzen meines Vaters angewiesen, die ich recht schnöde und ohne Verständnis für seine jeweilige Lage einforderte. Erst mit der Arbeit in Paris wurde ich ein für alle Mal finanziell unabhängig, da war ich 26. Als klar wurde, dass ich mehr verdiente als mein Vater, änderte sich etwas in seinem Verhältnis zu mir. Zur Beruhigung, was meine Zukunft betraf, gesellte sich der Respekt, den er vor jedem finanziell erfolgreichen Menschen empfand. Aber dieser Respekt war nun mir wieder nicht recht, galt er doch nicht der Tätigkeit, die ich als meine eigentliche Arbeit ansah, nämlich dem Schreiben.

Was das betraf, war seine immer wiederkehrende Frage nur, wieviel ich von meinen Büchern verkaufte, und seine absurden Ratschläge bezogen sich immer nur darauf, wie ich es anstellen könnte, bekannter zu werden als Schriftsteller, um mehr zu verdienen. Ich ließ das meistens an mir abtropfen, aber natürlich war ich innerlich umso ärgerlicher, als ich eben auch der Sohn meines Vaters und das Produkt seiner Erziehung war und selbst als wichtigste innere Referenz den materiellen Erfolg mit mir herumtrug.

Wenn wir darüber redeten, besser gesagt stritten, steigerte ich mich umso mehr (und umso verlogener) in die hehre Freiheit der Kunst vor kommerziellen Erwägungen hinein, als ich insgeheim mit mir selbst haderte, dass mir kein echter, zählbarer Erfolg gelang.

Ich glaube, für meinen Vater änderte sich das mit den ersten Literaturpreisen, die ich bekam (auch wenn meine

Akademiker-Freunde über die Summen, die da vergeben wurden und die in etwa ihren Weihnachtsgratifikationen entsprachen, nur die Köpfe schütteln konnten), und vor allem in seinem letzten Lebensjahr, als im Literaturhaus Berlin ein literaturwissenschaftliches Kolloquium zu meinem Werk abgehalten wurde. Mein Vater, der sich verurteilt wusste und für den schon die Uhr tickte, erschien, ohne dass ich ihn gedrängt oder auch nur formell eingeladen hätte, in dem Kaminzimmer in der Fasanenstraße und hörte sich bescheiden in der letzten Reihe sitzend durch die Vorträge.

Zwar war diese Veranstaltung, anders als er es sich gewiss für mich wünschte, kein Hinweis darauf, dass mein Name für den Nobelpreis gehandelt wurde, aber mich freute, dass mein Vater durch den Mund dieser deutschen, französischen und amerikanischen Germanisten zu hören bekam, dass ich mein Leben nicht vollständig verschwendet hatte.

Und ich war glücklich, als er dann in der Pause von Wolfgang Frühwald angesprochen wurde, den ich bewunderte und mochte und der, nur wenige Jahre jünger als mein Vater, eben auch trotz all seines Ruhms völlig natürlich, bescheiden und offen im Umgang geblieben war und meinen Vater in ein Gespräch verwickelte. Offen gestanden war ich wie immer ein wenig besorgt, welche Figur der einem solchen Mann gegenüber abgeben, ob er etwas Dummes sagen würde, aber zugleich schämte ich mich dieser Befürchtung auch. Und sie war bei Frühwald auch vollkommen unangebracht.

Ich hatte mich zwanzig Jahre für ihn geschämt und

musste jetzt, als ich ihn im Gespräch mit Frühwald beobachtete – zwei ältere Männer im Anzug, mit Krawatte und Einstecktuch, die sich augenscheinlich auf Augenhöhe begegneten –, erkennen, dass er ein Herr war.

In diesem Moment – und das war vielleicht das Schönste an dem Kolloquium – wusste ich, dass mein Vater auf der Zielgeraden seines Lebens mit meinem Weg und Leben ins Reine gekommen war.

Als ich die beiden so im angeregten Gespräch sah, trat ich dazu. Das hätte ich nicht tun sollen.

Ich habe es schon erwähnt: Mein Vater erteilte gerne Rat. Er sah sich als Ratgeber für jedermann in jeder Lebenslage. Er ging davon aus, dass detaillierte Sachkenntnis im jeweiligen Falle nicht so wichtig war wie sein gesunder Menschenverstand. In den meisten Fällen glaubte er allerdings, über beides zu verfügen. Er ging davon aus, dass die anderen die Gedanken, auf die er kam, nicht schon selbst gehabt hatten. Er ging davon aus, dass jedermann dankbar sein müsse, einen guten Rat zu bekommen. Und er verstand nicht, wie jemand sich dann nicht danach richten konnte.

Auch mir hatte er zeitlebens Ratschläge erteilt. Drohende während der Kindheit: »Ein guter Rat: Halt jetzt den Mund!« Manchmal sinnvolle: »Ich rate dir: Wünsche dir nicht den Kasettenrecorder zum Geburtstag, mit dem du nur gekaufte Kassetten hören kannst, sondern den Radiorecorder, mit dem du selbst aufnehmen kannst.« Einer seiner absurderen, mit dem er mir unsäglich auf den Geist gegangen war, tauchte nach meinem Jahr in Italien auf. »Warum schreibst du nicht mal *Meine italienische Reise*?

So wie Goethe. So ein nettes, unterhaltsames Buch. Italien kommt immer gut an.« Jedes Mal wenn ich mich in meinen schwächeren Momenten über mangelnde Verkaufszahlen beklagte, fing er wieder damit an: »Ich habs dir ja schon öfter gesagt. Schreib so eine schöne, heitere *Italienische Reise*. So was wollen die Leute lesen. Nicht nur immer Probleme. Damit hättest du Erfolg.«

»Sie sind heute gewiss sehr stolz auf Ihren Sohn«, sagte Professor Frühwald gerade zu meinem Vater.

Der nickte. »Ja, das ist alles sehr interessant zu hören. Auch wenn ich so manchem nicht ganz folgen kann. Das ist, verstehen Sie mich, schon sehr theoretisch.« Dann beeilte er sich hinzuzufügen: »Aber wie gesagt sehr interessant.«

(Ich musste daran denken, dass ›interessant‹ im Allgemeinen für meinen höflichen Vater ein Synonym für ›ungenießbar‹ war. »Werner, wie schmeckt dir das Broccoligratin?« fragte meine Frau. »Interessant«, sagte mein Vater, und da war uns allen klar, er würde keine zweite Portion nehmen.)

»Und Sie nehmen sicher auch Anteil an allen neu entstehenden Arbeiten Ihres Sohnes«, sagte Professor Frühwald. »Ich stelle mir das faszinierend vor, einen Schriftsteller in der eigenen Familie zu haben. Da lechzt man voller Neugierde nach jedem neuen Werk.«

»Ich zeige nie etwas von meinen Sachen, bevor ich fertig bin«, sagte ich schnell, um deutlich zu machen, dass mein Vater keinerlei Anteil an neu entstehenden Arbeiten von mir nahm, dass das aber nichts Persönliches war.

»Ja«, sagte mein Vater, »ich versuche ja ab und zu,

ihm einen guten Rat zu geben, aber der Sohnemann hier nimmt Ratschläge im Allgemeinen ungern an.«

Ich wollte im Boden versinken.

»Ratschläge zum Wie oder zum Was seines Schreibens?«, erkundigte Professor Frühwald sich aber, bevor ich etwas sagen konnte.

Und dann kam, was ich befürchtete.

»Ja sehen Sie, ich habe ihm öfter mal geraten, seine *Italienische Reise* zu schreiben«, sagte mein Vater. »Er war ja mal ein Jahr in Italien. Wussten Sie das?«

Frühwald schüttelte den Kopf.

»Und ich habe ihm gesagt: Schreib doch darüber. Das war doch eine schöne Zeit. Er hat uns ja jede Woche einen Brief geschrieben, insofern haben wir indirekt viel mitbekommen. Ich hab ihm den Rat gegeben, wenn er sich mal wieder beschwert hat: Dann schreib doch eine *Italienische Reise*. Wie Goethe. Ein heiteres Buch. Das wollen die Menschen lesen, finden Sie nicht auch. Heitere Bücher.«

»Ja, heitere Bücher zu schreiben, ist eine große Kunst«, sagte Professor Frühwald. »Und eine notwendige. Gerade in unserer Zeit.«

Mein Vater drehte sich zu mir: »Siehst du. Nicht immer diese Probleme!« Und zu Frühwald gewandt: »Er hat da so schöne Begegnungen gemacht. Mit dieser Schriftstellerin, wie heißt sie, mit der du befreundet warst.«

»Rinser«, brachte ich zwischen kaum geöffneten Lippen hervor.

»Ach Herr Kleeberg, Sie kannten die Rinser?«, fragte Professor Frühwald lächelnd.

Mein Vater spürte Unterstützung und fuhr fort. »Ja,

oder dieser Pfarrer und all diese netten Anekdoten, von denen du geschrieben hast. So heitere, schöne Geschichten. Nicht immer diese Probleme, die du so gerne wälzt.«

Er drehte sich zu Frühwald und sagte: »Er macht es sich manchmal unnötig schwer. Als müsse er was beweisen. Ich meine, was muss er beweisen?«

»Oh, Ihr Sohn muss gar niemandem etwas beweisen.«

»Hörst du des, Mischa? Ich sag nur Goethe. Was Heiteres. In Italien. Das würde dir so leicht von der Hand gehen. Und die Leute würden sich freuen. Probleme haben wir alle genug. Ich frage Sie. Wollen wir auch noch von Problemen hören, wenn wir ein Buch lesen?«

»Die Heiterkeit, die von den Problemen weiß, aber sie überkommt«, sagte Frühwald, »die höhere Heiterkeit, das ist ein großes Ziel. Aber im Ernst, lieber Herr Kleeberg, wenn Sie dort so viel Interessantes und Denkwürdiges erlebt haben – also ich würde so ein Buch von Ihnen über Italien gerne lesen.«

»Siehste, Sohnemann«, sagte mein Vater. »Wenn das sogar der Herr Professor sagt. Vielleicht hörste auf den ja mehr als auf mich.«

Ich sah aus den Augenwinkeln einen Bekannten, der mir Zeichen machte, entschuldigte mich und floh die beiden.

Mein Vater war also vor seinem Tod mit mir im Reinen, aber – das fragte ich mich, während wir in seiner letzten Wohnung beisammensaßen – war ich auch endlich mit ihm im Reinen?

Ich frage mich das seit Jahren. Ich traue mir selbst nicht

ganz über den Weg. Deutete die Tatsache, dass ich das Todesurteil, als er es mir 11 Monate vor seinem Tod mitteilte, sogleich akzeptierte, nicht wütete, nicht Himmel und Hölle gegen die ärztlichen Diagnosen in Bewegung setzte, sondern mit einem für mich ganz untypischen lethargischen Fatalismus akzeptierte, dass er nur noch wenige Monate da wäre – bedeutete das nicht, dass ich in irgendeinem schwarzen Winkel meiner Seele froh darüber war? War das nicht ein letztes Echo, eine letzte Spur des einstmaligen Hasses, des »Ich werde ihn umbringen, er ist der Feind«? War es nicht der lächerliche Triumph des Überlebenden?

Hatte ich ihn als Mensch jemals abstrahieren können von meiner Vorstellung darüber, wie er besser hätte sein sollen, um mich auf ihn stolz zu machen? Habe ich ihn jemals so akzeptiert wie er nun einmal war, geworden war?

Mit anderen Worten: Habe ich ihn nicht nur riechen können, sondern auch respektiert?

Habe ich ihm, wenigstens in den letzten Monaten, wirklich deutlich gemacht, dass ich ihn nicht nur liebte, sondern auch schätzte?

Natürlich sagte ich ihm, ungeschickt wie man in einer solchen Situation nun einmal ist und nicht anders sein kann, dass ich ihn liebte (»lieb habe« drückte ich das natürlich aus), aber wenn ich mich recht erinnere, sagte ich nichts davon, dass ich bewunderte und respektierte, was er aus seinem Leben gemacht hatte, dass er seine Familie immer hatte ernähren können, seinen Sohn sehr lange finanziell unterstützt hatte, dass er, ausgehend von dem vaterlosen, einsamen Knaben im Krieg, einen mehr als respektablen Weg hingelegt hatte. Nein, davon sagte ich nichts. Hätte es ihn gefreut? Hätte er es gebraucht? Hätte er es von mir erwartet oder erhofft?

Freunde haben oft über mich gesagt, ich habe meine ganze intellektuell-künstlerische Prägung ausschließlich meiner Mutter zu verdanken (und diskret verschwiegen, dass sie glaubten, mit meinem Vater hätte ich nichts als Konflikte gehabt). Da ist etwas dran, aber es ist nicht die ganze Wahrheit.

Ja, meine Mutter hat mir vorgelesen, vom *Dschungelbuch* über die deutschen und klassischen Heldensagen, Grimms und Bechsteins Märchen und die aus 1001 Nacht, jedes Kinderbuch, das in den Sechzigern den Deutschen Jugendbuchpreis gewann, aber auch die *Peanuts* aus der *Saturday Evening Post*, und wir haben zusammen Kurt Zentners *Geschichte des 2. Weltkriegs und des Dritten Reiches* durchgeblättert, und ich war noch keine acht, als ich dort die Fotos der Leichenberge in den KZs und das des Jungen mit den erschreckten Augen und den erhobenen Händen sah. (Allerdings gab es nie ein: ›Das waren wir‹, sondern immer nur ein: ›Das waren die‹. Die Nazis nämlich, die über uns gekommen waren wie eine Heuschreckenplage, aber mit ›uns‹, also den Opfern von Bombardierungen und Hunger ab 1943, eben so wenig zu tun hatten wie eine solche.) Wir hatten ja ganze Wochen, vor allem in der Friedrichshafener und Bitzer Zeit, in denen wir allein waren und mein Vater irgendwo arbeitete und höchstens am Wochenende nach Hause kam. Sie las mir Gedichte vor, vor allem Balladen, sodass ich schon als Siebenjähriger *Die Brücke am Tay, John*

Maynard, den *Zauberlehrling, Die Bürgschaft*, den *Hand-schuh* und was es sonst noch an klassischen deutschen Hausballaden gibt, quasi auswendig konnte. Meine beiden liebsten waren Bürgers *Lenore* (mit dem ›hurre-hurre-hopp-hopp-hopp‹ setzten wir uns noch Jahrzehnte später ins Benehmen) und Meyers sadistische *Füße im Feuer*. Bücher waren, solange meine Mutter las, also bis vor vielleicht drei Jahren, immer unsere tiefste und engste Verbindung. Eine vermittelte Bindung, anders als die viszeral-körperlich-emotionale mit meinem Vater.

Die Bücher und das Lesen verbanden uns und das Biografische. Meine Mutter erzählte mir quasi ihr gesamtes Leben eins zu eins und in unglaublichem Detailreichtum. Sie hatte ein fotografisches Gedächtnis und erzählte sehr anschaulich. Lindheim, Frankfurt, der Krieg, der Ruderclub, die Amerikaner, jedes einzelne Familienmitglied, und ich verdanke dem neben allem anderen ein permanentes Bewusstsein von kontinuierlicher Zeit, einen weiten Zeithorizont. Dank der Erzählungen meiner Mutter überblicke ich das 20. Jahrhundert, als hätte ich selbst auch dessen erste Hälfte miterlebt. Was wir gemeinsam haben – nein hatten –, ist das Glücksgefühl ob der Tatsache, im Gedächtnis, in der Erinnerung über das eigene Leben in seiner Gesamtheit verfügen zu können, und deshalb ist die Demenz, in der ihr diese ihre größte Fähigkeit abhandengekommen ist – Bruch nach Bruch vom Festlandeis, bis alles geschmolzen und zu Wasser geworden ist –, auch so ungeheuer schmerzhaft. Für mich, denn für sie, die sich nicht mehr erinnert, dass sie sich an nichts mehr erinnert, ist es erträglicher.

Wenn meine Mutter und ich also Geschichten und Geschichte über Bücher kommunizierten, dann war es bei meinem Vater anders: Er erfand Geschichten. Und darin war er ein Naturtalent, ein ungleich einfallsreicherer Erzähler, Fabulator und Improvisator als ich das jemals gewesen bin. Ich habe eben gesagt, dass meine Mutter und ich in meiner Kindheit oft wochenlang alleine und unter uns waren, und das stimmt, aber *wenn* mein Vater denn da war, dann erzählte er mir Geschichten. Es ist wahr, er konnte mir nichts beibringen oder ich ließ mir nichts beibringen. Schwimmen lernen. Drachensteigen lernen, Kastanientiere basteln, Fahrrad fahren, Fahrradreifen flicken – all das machte er entweder alleine, während er mir die Techniken angeblich erklärte, oder wir stritten uns. Aber die schönsten Momente, die wir hatten, waren die Spaziergänge, während derer er mir Geschichten erzählte, die er aus dem Stegreif erfand.

Wir traten aus dem Haus, in Friedrichshafen, in Bitz, in Böblingen, und er begann – manchmal lieferte ich ihm das thematische Stichwort – ohne Nachdenken, ohne Überlegen, ohne die geringste Vorbereitung zu erzählen. Er verheddderte sich aber nie, seine Geschichten schuf er im Rhythmus des Gehens, sie waren Muster an Plotaufbau, Spannungssteigerung, Logik und Stringenz, und egal wie lange der Spaziergang dauerte, sie endeten in der Sekunde, bevor er den Schlüssel in die Wohnungstür steckte. Ich weiß bis heute nicht, wie er es gemacht hat.

All die Sprachkraft und Nuancierung und Kohärenz, die ihm in Konversationen abging, hier war sie! All das Vage, all die fehlenden Worte, die seine Fach- und Sachgespräche so schwer erträglich machten – nichts davon hier!

Er konnte die Landschaft, durch die wir gingen und die Jahreszeit, in der wir gingen, in seine Geschichten einfließen lassen, sodass ich wie in einer virtuellen Realität *in* dem Raum der Geschichte war. Meistens waren es einfach spannende Geschichten, manchmal auch lehrreiche, ich erinnere mich an einen Sommer, in dem ich besondere Angst vor Wespen hatte, und er erzählte mir ›Die Geschichte von der kleinen Wespe‹, ich weiß nicht mehr welche Abenteuer aus dem Blickwinkel des Tiers – und meine Angst war fort und zugleich meine Sympathie für das Insekt und mein Interesse an ihm geweckt.

Dass viele seiner Geschichten ein ›der kleine‹ oder ›die kleine‹ im Titel hatten, war typisch. Das Diminutive, Freundliche, um nicht zu sagen liebende Element, das Abwiegeln von Horror, Furcht oder Hass waren allgegenwärtig in ihnen, ebenso der Aspekt der Gerechtigkeit.

Wenn ich mich recht entsinne, kam nie etwas Religiöses oder Mystisches in ihnen vor, dagegen waren sie alle von einem extrem optimistischen Zukunftsglauben durchdrungen, der seine Zuversicht aus der ungebrochenen Begeisterung meines Vaters für technischen Fortschritt zog.

Besonders schön deutlich wird das an dem Heldenpaar, das uns durch meine ganze Kindheit begleitete und dem nur meine Pubertät irgendwann den Garaus machen konnte.

Ich weiß nicht mehr, wie die beiden entstanden sind: Pimpelmaus und Siegfried. Ich glaube, die Gestalt der

Pimpelmaus kam aus irgendeinem Bilderbuch im Kindergarten, vielleicht dem Schellen-Ursli. Ich erinnere mich nicht an sie, dem Namen nach war es vermutlich ein zimperliches Wesen, das mein Vater dann in seinen Erzählungen und Zeichnungen aufpäppelte und von Grund auf veränderte. Siegfried war natürlich der Nibelungen-Siegfried, genauer, der Siegfried der deutschen Heldensagen. Noch bevor ich das Buch entdeckte, hatte mir mein Vater bereits von ihm erzählt oder besser vorgeschwärmt: wie er beim Schmied in die Lehre ging und den Amboss in den Grund schlug, wie er den feilen Knecht überwand, wie er den Drachen besiegte und den Hort gewann. Bezeichnenderweise kamen in seiner Version weder die Frauenprobleme Siegfrieds vor noch seine Ermordung.

Ob er das Pärchen zunächst in einer Geschichte verwandte oder in einer der Hunderten von kleinen Zeichnungen, die er für mich machte, meist mit Kugelschreiber auf dem blass grünweiß-gestreiften und gelochten Endlospapier mit Perforierungen, das für die damaligen Drucker diente und stapelweise bei uns zu Hause herumlag, weiß ich nicht mehr.

Jedenfalls waren Pimpelmaus und Siegfried von Anfang an visualisiert. Sie verhielten sich zu uns – also zu meinem Vater und mir – merkwürdig schräg und versetzt. Denn obwohl Siegfried älter war als Pimpelmaus (die man sich angesichts seiner Zeichnungen wie eine realistischere Strichmännchen-Version von Micky Maus vorstellen muss), war es kein Vater-Sohn-Verhältnis, sondern eines von Freunden auf Augenhöhe, auch wenn Siegfried natürlich der Erfahrenere war, der Mentor. Vielleicht ein wenig wie Batman und

Robin oder wie Lukas der Lokomotivführer und Jim Knopf. (Und ebenso wenig wie in den offiziellen Comics gab es natürlich bei uns jemals eine irgendwie geartete sexuelle Konnotierung ihrer Freundschaft.)

Beide waren Königssöhne und Ritter (ich schuf später eine ganze, statistisch aufbereitete Welt um sie herum, sozusagen als Seitenstücke der Geschichten) und erlebten Abenteuer in einem zeitlich vollkommen offenen Raum. Das heißt, auf den Zeichnungen meines Vaters zogen sie auf ihren Pferden, bewaffnet mit Langbögen und Schwertern aus, um Drachen zu bezwingen, sie waren aber zugleich auch hochmoderne Ingenieure und Konstrukteure, und Siegfried entwickelte in den Geschichten, auf die ich gleich noch komme, unter anderem eine fliegende Untertasse mit einem sogenannten ›Tachyonen-Antrieb‹, ein atomgetriebenes U-Boot und eine Zeitmaschine.

Woher mein Vater, der keine Bücher las, die Inspirationen zu seinen diversen Erfindungen nahm, bleibt offen. Gut, für das U-Boot stand die Nautilus Pate, für die Zeitmaschine der Film nach H. G. Wells – ja vielleicht waren es tatsächlich eher die Kinofilme als irgendwelche Literatur, die er weiterspann.

Das Wunder – für mich – ereignete sich in den Sommerferien 1970, die wir erstmals in Dänemark verbrachten, an der Nordseeküste, 45 Kilometer von Kopenhagen entfernt. Ich hatte mir Jules Vernes *Reise zum Mittelpunkt der Erde* als Lektüre mitgenommen, wo in einer der frühen Szenen der jugendliche Held angesichts des bevorstehenden Abstiegs vom isländischen Vulkan Snaefellsjökull hinab in die Erde vom Expeditionsleiter Professor

Lindenbrok, um sein Schwindelgefühl zu überwinden, gezwungen wird, die Außentreppe der Frelsers-Kirche in Kopenhagen zu besteigen. Die erste berauschende Überraschung war, dass es diese Kirche und diese in der Tat beängstigende Wendeltreppe tatsächlich gab.

Während meine Mutter unten wartete, stiegen mein Vater und ich hinauf und tasteten uns dann in siebzig Meter Höhe die immer enger und schmaler werdende Wendeltreppe rund um den Kirchturm nach oben. Ich schaffte es wirklich nur an der Hand meines Vaters, war aber hinterher entsprechend stolz.

Es war ja eigentlich noch die Bellergal-Epoche meines Vaters, aber in diesen Ferien war er entspannt, disponibel, offen und bereit, mir alle Zeit der Welt zu widmen. Als ich nach einer Woche den Jules Verne beendet hatte und von der Thematik nicht genug bekommen konnte, setzte er sich abends plötzlich hin und begann, einen Comic zu zeichnen. Oder wie es heute so schön neudeutsch heißt: Eine Graphic Novel: Pimpelmaus und Siegfried reisen ihrerseits hinab zum Mittelpunkt der Erde.

Nach einigen Tagen war die Geschichte, an der mein Vater jeden Tag zeichnete und schrieb, beendet, und es war ungelogen einer der schönsten Momente meiner Kindheit, ein Geschenk, wundervoller als alle Weihnachts- und Geburtstagsgeschenke zusammen, unseren Helden dann auf den Spuren der Verne'schen in einer aber durchaus eigenständigen Geschichte zu folgen.

Das vielleicht Schönste an ihr war, dass sie sich tief unter der Erde verliefen und einen falschen Abzweig nahmen, sodass mein Vater auf mein Dringen und Drängeln –

damals waren drei Wochen Ferien in unserem Holzhäus-
chen unabsehbare Zeit – tatsächlich noch eine zweite
Geschichte anschloss, diesmal mit dem richtigen Weg.

Und der führte, zum größten Vergnügen und Kitzel für
mich, der ich mich immer für den Teufel in den Märchen
begeistert hatte, andererseits aber auch regelmäßig unter
Albträumen litt, in denen mich der Teufel holte, direkt
zum einzig logischen Mittelpunkt der Erde: in die Hölle.

Dort saßen mehrere gehörnte und spitzbärtige Teufel
(die aussahen wie der Aufzugswärter in Lubitschs *Heaven
can wait* und vielleicht von den Teufeln in Disneys *Fanta-
sia* inspiriert waren) mit Dreizacken um ein Feuer, und ich
weiß noch, was in der Sprechblase Satans stand, der im
Zentrum auf seinem steinernen Thron saß: »Ihr seid frei-
willig gekommen, deswegen durft ihr wieder gehen. Aber
lasst euch hier nicht noch einmal blicken!«

In den Sommerferien der Jahre darauf folgten zwei weitere Abenteuer: die Erforschung des Weltraums mit einer
selbst gebauten fliegenden Untertasse, die mit Lichtgeschwindigkeit unterwegs war und daher unser Sonnen-
system verlassen konnte. Am Ende dieser Geschichte, die
natürlich auch, wie alle Geschichten meines Vaters, trotz
einiger Kämpfe und Schlachten, mit Vernunft, Freundschaft, Versöhnung und Lösung drängender Weltprob-
leme endete, gab es eine kleine Einstein'sche Pointe, die
mich dazu brachte – mit Erlaubnis meines Vaters –, das
erste und einzige Mal etwas an seinen Erzählungen zu
verändern: Als die Helden nach bestandenen Abenteuern
wieder auf der Erde landen, stellen sie fest, dass während
der drei Wochen ihres Abenteuers, da sie mit mehrfacher

Lichtgeschwindigkeit unterwegs waren, auf der Erde drei Jahre vergangen sind.

Drei Jahre, das war für den Elf- oder knapp Zwölfjährigen, der ich war, eine derart unvorstellbare Dauer (was wäre aus den Freunden geworden, was aus Mama etc. pp. – nie wieder ist das aufzuholen), dass ich meinen Vater bat, es, Physik hin oder her, in drei Monate umändern zu dürfen. Kleine Anekdote nebenbei: Der Zielplanet dieser Reise war der Planet ›Schwan‹. Die Flagge von Siegfrieds Königreich bestand aus drei nach Osten schreitenden Schwänen. – Der Schwan war sehr gegenwärtig in den Geschichten meines Vaters, was ich erst später als Frankfurter Beziehung verstand: Er musste das legendäre alte ›Hotel zum Schwan‹ noch gekannt haben am Steinweg, ich selbst kam nur immer wieder auf dem Weg von der Hauptwache zum Römer an dem Nachkriegsgebäude vorbei, in dem das Kino ›Metro im Schwan‹ untergebracht war.

Die nächste Geschichte war nach der Entdeckung des Weltraums die der Unterwasserwelt, wo mein Vater, von heute aus gesehen, eine witzige Erklärung für den Klimawandel anbot: Pimpelmaus und Siegfried unterquerten (»und das kannst du nur mit einem Atom-U-Boot«, erklärte mir mein technik- und fortschrittsbegeisterter Vater) das Nordpoleis und entdeckten dort einen gigantischen Magneten (ein riesiger Zylinder mit Hammer und Sichel), den die UdSSR dort heimlich installiert hatte, um die Erdachse so zu verschieben, dass Sibirien fruchtbar wurde. Und diese Verschiebung erklärte natürlich auch den Klimawandel anderswo. Immerhin: 1972!

Allerdings schrieb mein Vater keine Hollywood-Block-
buster. Die beiden U-Boot-Fahrer sprengten den Magneten also nicht, sondern brachten die Sache vor die UNO
(das Bild der triumphalen Einfahrt ihres Schiffes in New
York) und boten irgendeine, ich weiß nicht mehr welche,
Lösung für die Probleme der Russen an, vielleicht irgendeinen Sonnenspiegel im Weltraum, die die Sache friedlich
und international löste. In dieser Erzählung gab es auch
eine Szene, in der ein Erdbeben Antofagasta in Chile ver-
wüstet hatte (von dem ich dort, wie von so vielem, zum
ersten Mal etwas hörte), was zu katastrophalem Trink-
wassermangel führte. Pimpelmaus und Siegfried nahmen
daher einen gigantischen, im Südpazifik treibenden Eis-
berg ins Schlepptau (»Eisberge sind aus Süßwasser!«) und
lieferten ihn im Hafen der chilenischen Stadt ab.

Im Jahr darauf endete die letzte dieser Bildergeschich-
ten als Fragment. Die Konstruktion war anspruchsvoll
und die erste, bei der mein Vater auf Recherchematerial
zurückgriff (die erste hatte er einfach so aus dem Stegreif aufgeschrieben wie seine mündlichen Erzählungen).
Es handelte sich, und darin lag in Hinsicht auf Pimpelmaus und Siegfried auch eine gewisse Inkongruenz, um
die Erforschung der Kleeberg'schen Familiengeschichte
mithilfe einer selbst konstruierten Zeitmaschine. Der
Plan war, auf der Basis der von Herrn Gleisberg erstell-
ten Genealogie, durch die Jahrhunderte zurückzureisen
und den sächsischen Kleebergs, also irgendwie den Vor-
fahren von Siegfried (aber angesichts der Ohren ja wohl
kaum der von Pimpelmaus) bei allen historisch bedeut-
samen Momenten zu begegnen. Völkerschlacht, Sieben-

jähriger Krieg, Dreißigjähriger Krieg. Und dann wollte mein Vater natürlich beweisen, was Herr Gleisberg beim besten Willen nicht hatte beweisen können, nämlich die adelige Vorgeschichte. Das Missing Link zwischen den Grafen von Kleeberg und unserer bäuerlichen Sippschaft. Und der geplante Höhepunkt, den ich dann später für ein Kapitel meines ersten Romans geklaut habe, war die Eröffnung, dass wir von Lohengrin, dem Schwanenritter (!) abstammten.

Allein, so weit kam es nicht. Nach dem Rauswurf bei Breuninger folgte eine beruflich schwierige Zeit, die schließlich mit dem Umzug nach Hamburg endete, und mein Vater kam irgendwann nicht mehr zum Arbeiten an der Geschichte. Und ich rutschte in der Wartezeit mehr und mehr in die Pubertät und entfremdete mich dem Gedanken, mit meinem Vater kuschelnd auf dem Sofa zu sitzen und seine Geschichten zu lesen. Und nach dem Umzug begannen Jahre, in denen ich überhaupt kein vernünftiges Wort mehr mit ihm redete.

Das lag auch daran, dass ich die Rhetorik als Distinktionsmittel entdeckte, mit der ich zum einen erfolgreich von meinen Schwächen ablenken und zum anderen mir meinen Platz unter den bewunderten und beneideten smarten Bürgersöhnen meiner neuen Umgebung schaffen konnte. Und in diesem Versuch der Anverwandlung mittels Ironie, Zitaten, indirektem Sprechen, wisecracking war kein Platz mehr für meinen Vater, den ich zu verleugnen und zu verachten begann.

Denn wenn meinem Vater eines fremd war, dann war das Ironie. Ich glaube, ich habe ihn nie in seinem Leben einen einzigen ironischen Satz sagen hören. Es war, als fehle ihm ein Organ. Nein mehrere: ein Hörorgan, um mitzubekommen, wenn ein Gegenüber einen Satz ironisch meinte, und ein Sprechorgan, um jemals das, was er zu sagen hatte, anders als eins zu eins an den Mann zu bringen. Mit meiner Mutter konnte ich seit jeher nach Herzenslust ironisch – oder eher sarkastisch (und überheblich) sein. Auf diesem Ohr war mein tumber, gutmütiger Vater völlig taub.

Diese vollkommene Abwesenheit von Ironie, die meinen Vater zu so einem klaren, verlässlichen, anständigen Menschen machte, machte ihn aber eben auch zu einem gesellschaftlich gehandicapten – vor allem in der Art von Runden, wie ich sie damals kennenlernte und in denen ich auch seither vorzugsweise verkehre. Da kam er (für mich offenbar mehr noch als für andere) als komische Figur rüber, die kein Augenzwinkern und keine Querverweise wahrnahm oder verstand, die auch nicht wusste, wann sie besser den Mund zu halten hatte, die nichts davon verstand, Leute auf die eigene Seite zu ziehen, ein reiner Tor, ein naiver Hier-stehe-ich-ich-kann-nicht-anders-Typus.

Ich habe lange gebraucht – im Grunde bis heute, bis nach seinem Tod –, um Jekyll und Hyde als einen einzigen Menschen wahrzunehmen. Mich nicht immer zu fragen: Wer ist er denn? Der eine oder der andere?

Schließlich schien nicht nur mein Vater eine schizophrene Persönlichkeit zu sein – auch ich war schizophren in meinem Verhältnis zu ihm, in Hass, Verachtung, Herablassung auf der einen und Zärtlichkeit, Liebe und Geborgenheit und natürlich 100 %igem Glauben und Vertrauen auf der anderen Seite.

Dieser Mangel an Ironie, diese manchmal komische, manchmal schädliche Torheit – woher kam sie? Es ist kein generationentypisches Merkmal. Wenn ich die Väter meiner Freunde betrachte, die derselben späten Kriegsgeneration entstammten, so waren darunter viele gesellschaftlich und konversationell versierte Männer. Nein, es muss ein soziales Merkmal sein. Die Vaterlosigkeit, die Asozialität, die soziale Isolation, dazu der ›Hart wie Kruppstahl‹-, zäh wie Juchtenleder‹-Drill – wenn ich mir meinen Vater damals vorstelle und auch vor mir sehe, so wie er später war, dann war er in allem das absolute und totale Gegenteil eines jüdischen Temperaments, so wie ich ihnen leibhaftig in Amsterdam und Paris und später den USA begegnet bin, oder sie als Autoren wie Joseph und Philip Roth oder Albert Cohen gelesen habe, das Gegenteil dieser Dichter, Kinomacher, Drehbuchautoren. Es fehlten ihm Ironie und Selbstironie. Es fehlte ihm vermutlich ein haderndes, aber nahes Verhältnis zu Gott. Es fehlte ihm die Rhetorik als Mittel zum Lachen, Weinen, Diskutieren (mit Gott und den Menschen), Rechten, Überzeugen, Beichten, Lästern. Es fehlte ihm die Fähigkeit, die Sprache im Fragen und Antworten, im Kommunizieren, Witzereißen, Angeben, Klagen und Bitten, im Flunkern, Notlügen und schonenden Heucheln als das entscheidende Medium zu kennen und zu nutzen, das den Menschen menschlich und das menschliche Dasein erträglich macht.

Die Geschichte meines Vaters könnte nicht von Heine oder von Aaron Sorkin und den Coen-Brüdern geschrieben werden, sie müsste etwas Nibelungendeutsches sein:

verfasst vom Kleist der *Hermannschlacht* und inszeniert von Tankred Dorst oder Einar Schleef. Etwas, vor dessen protestantisch-deutscher Monstrosität die Franzosen immer in zutiefst befremdeter Bewunderung gestanden sind und für das sie das missverständliche Wort von der kultivierten Barbarei gefunden haben.

Und natürlich war mein Vater kein Barbar, sondern ein Ehrenmann – es sagt mehr über mich aus als über ihn, dass ich ihn mir lange Zeit als einen selbstironischen, fatalistischen, souveränen Mann der Zwischentöne gewünscht hätte.

Das Ende seiner Geschichten war in gewisser Hinsicht auch das Ende der Familie. Also der Familie aus drei Personen, verschworen, isoliert, ihre Kämpfe unter sich ausfechtend, erstickend und gemütlich, erstickend gemütlich, so wie ich sie kannte. Danach blieb wieder, was schon zuvor gewesen war: das isolierte Paar, das sich unbegreiflicherweise selbst genug war und niemanden brauchte.

Ich habe ganz zufällig vor wenigen Tagen im Nachttisch meiner Mutter in der Senioren-WG (immer noch derselbe Nachttisch vom ›Mahagoni-Schlafzimmer‹, das sie sich zur Hochzeit gegönnt hatten) in einem Briefumschlag mit der Aufschrift von ihrer Hand ›Bitte ungelesen vernichten‹ zwei mir völlig unbekannte Briefe meines Vaters an sie gefunden. Meine Hände haben gezittert, als ich das Datum las: Sie stammten vom Frühjahr 1952, meine Mutter ging noch zur Schule, es muss kurze Zeit vor ihrem Abitur gewesen sein, und in dem einen Brief schlägt mein Vater einen Treffpunkt nach der Schule vor, weil er deren Adresse nicht kannte. Also frühester Anfang. Es hat mich Überwindung gekostet, diese größte Intimität zu durchbrechen, aber natürlich hat dann doch die Neugierde gesiegt. Und wer denn, wenn nicht ich, wird sich je noch dafür interessieren? Jedenfalls sind die beiden Briefe in einem Ton geschrieben, den ich so von meinem Vater nicht kenne (wie auch?): Flirtend, liebevoll, poetisch, voller unermesslichem Vertrauen und Hoffnung auf die gemeinsame Zukunft. Die Art von Brief, die (als das Wünschen noch geholfen hat) machte, dass man sich in einen Menschen verliebt und mit ihm leben will.

Vielleicht liegt auf diesen zwei mit blauem Füller geschriebenen Seiten das ganze Geheimnis verborgen. Und die Lektüre zeigt mir meinen Vater wieder in neuem Licht. Wieder ist es eine unbekannte Facette, die sich zu dem immer kubistischer wirkenden Gesamtbild hinzufügt. Keine Spur von Kriegstraumatisierung, keine Spur von sozialer Traumatisierung. Stattdessen spielerisches Französisch (»Mon Chéri«), Schelmerei, Selbstbewusstsein und – wie es scheint – das Selbstbild eines Menschen, der sich soeben ex nihilo erfunden hat. Stunde null im wahrsten Sinne des Wortes.

Klar ist das eine Illusion.

Didier Eribon spricht in seinen soziologischen Erinnerungen *Retour à Reims* von dem Gewicht, das jeder, auch mein Vater, lebenslang wie eine Eisenkugel mit sich herumschleppt (und ich auch, bloß ist es mittlerweile eine leichtere Legierung): Zeit, Ort, sozialer Kontext.

Zu diesen drei Grundbedingtheiten kann man sich mit

dem Wunsch nach Zugehörigkeit oder mit dem nach Ausbruch und Distanzierung verhalten.

Zur Ambivalenz des Heimatortes schreibt der Literaturwissenschaftler Erhard Schütz:

»Die Sehnsucht (nach Heimat) mag dabei auch auf naive, unbegrenzte Vertrautheit, mag zur traumverlorenen Geborgenheit gehen, wahrscheinlich mehr aber noch wird sie gelenkt vom Wunsch nach der ertragenen Angstlust, nach den überstandenen Schrecken, den verwundenen Enttäuschungen und den getrösteten Schmerzen.«

Das trifft, scheint mir, die Situation meines Vaters – das Fortgehen, ohne fortzukommen – recht gut.

Sich um jeden Preis aus dem eigenen sozialen Kontext befreien zu wollen, war sowohl für meinen Vater wie für meinen Onkel die Haupt-Lebensaufgabe. Der 91-jährige Friedrich erzählte mir noch kürzlich:

»Als ich mit 65 in Rente gegangen bin, habe ich in der Personalabteilung vorbeigeschaut und dort gefragt, was im Unternehmen ein Werkzeugmacher verdient. Das war ja mein Lehrberuf gewesen. Mein Gehalt war das Achtfache. Das war der Lohn für die neun Jahre, in denen ich dreimal die Woche nach der Arbeit von sechs bis neun an Abendschulen gebüffelt habe, um dort zuerst meinen Industriemeister, dann meinen Maschinenbauingenieur, schließlich mit 42 (es waren nicht neun kontinuierliche Jahre) meinen Architekt BA zu machen. Um den Preis fast jeglicher Freizeit. 23 % war damals die Quote derer, die so ein Abendstudium bis zum Abschluss durchgehalten haben. Du siehst, die Quälerei hat sich ausgezahlt.«

Aber wenn es relativ leicht ist, den Herkunftsort zu verlassen, und unter größten Mühen auch gelingen kann, sich aus dem sozialen Kontext zu erheben, aus dem man stammt (zumindest finanziell), wie soll man der eigenen Zeit entkommen? Vor ihr ist kein Entfliehen, und wie immer man sich zu ihr stellen mag (und sich bewusst gegen die eigene Epoche zu stellen, führt in die Isolation, man wird im besten Falle einsam, im schlimmsten zu Tode gehetzt), man bleibt von ihr geprägt, man bleibt ihr Kind sein Leben lang.

»Zu meiner Zeit ...«, sagt jeder Ältere, der der jugendlichen Identität zwischen Ich und Zeit entwachsen ist. Aber ›seine Zeit‹, das waren für meinen Vater die Jahre in Frankfurt zwischen 1933 und 1945 (und danach, seltsam bruchlos, bis 1954), als die Post noch dreimal täglich ausgetragen wurde und ein vormittags eingeworfener Brief in der abendlichen Runde zugestellt wurde, der Wäldchestag und der Eiserne Steg und dass die Juden irgendwann ›wegkamen‹, wie meine Eltern das bis in die heutige Zeit nannten, aber nicht alle, denn jedes Mal, wenn wir darüber unsere hitzigen Diskussionen führten, vergaß mein Vater nicht anzumerken: »Aber nicht alle, nicht die alte Frau Rothschild. Die saß unangetastet in ihrem Park den ganzen Krieg durch und keiner hat Hand an sie gelegt.«[*]

---

[*] Ich habe zu dieser Erinnerung meines Vaters den Frankfurter Stadthistoriker Dieter Wesp befragt, der mir Folgendes schrieb:

Lieber Michael,
Ich habe etwas gebraucht, wollte Deine Anfrage aber nicht aus der Hüfte beantworten und habe deshalb recherchiert und auch eine andere Expertin befragt. Das Ergebnis: Es gibt keine alte Frau Rothschild, die in der Nazizeit in aller Ruhe in ihrer Wohnung habe leben können.
Die Mitglieder der Familie Rothschild, auf die das berühmte Bankhaus zurückgeht,

sterben männlicherseits in Frankfurt 1901 aus. Es findet sich für die Nazizeit kein weibliches Mitglied dieser Familie, das noch in Frankfurt lebt.

Der einzige strukturelle Ähnlichkeit betrifft Max von Goldschmidt-Rothschild. Er war durch seine Heirat mit Minna Karoline Freiin von Rothschild (1857–1905) einer der reichsten Deutschen. Er nahm nach dem Tod seiner Frau den Zusatznamen Rothschild an. Im Juni 1937 wurde Goldschmidt von den Nationalsozialisten gezwungen, sein Grundstück in der Bockenheimer Landstraße 10 (das ist das Eckgrundstück gegenüber der Alten Oper, heute steht dort das Gebäude der UBS, früher einmal das Zürichhochhaus), das er 1917 für 670.000 Goldmark erworben hatte, für 190.000 Reichsmark an die Stadt Frankfurt zu verkaufen. Im September 1938 folgte der Verkauf des mit dem Rothschild-Palais bebauten Park-Grundstücks für 620.000 Reichsmark. (Der Park reichte von der Bockenheimer Landstraße den Reuterweg entlang bis zur Staufenstraße und ist heute teilweise noch erhalten. Das Palais wurde dann zu Wohnungen umgestaltet und vermietet). Danach durfte Goldschmidt darin bis zu seinem Tod als 96-Jähriger (1940) unter jetzt räumlich sehr eingeschränkten Verhältnissen als Mieter wohnen bleiben. Im November 1938 musste er seine Kunstsammlung von fast 1400 Gegenständen (Bilder, Möbel, Skulpturen, Teppiche, Porzellan, Fayence, Silber, Gläser) für 2.551.730 Reichsmark an die Stadt verkaufen. Es handelt sich hier um eine der größten Ausplünderungen einer jüdischen Frankfurter Familie, nur vergleichbar mit den Brüdern Carl und Arthur von Weinberg. Wenn Goldschmidt-Rothschild nicht 1940 gestorben wäre, so hätte er mit Sicherheit auch das Schicksal von Arthur von Weinberg geteilt, der 1942 ins KZ gesperrt wird und dort mit 82 Jahren 1943 umkommt.

Die Erinnerung Deines Vaters könnte sich evt. auf diesen Fall, der aber mehr für die demonstrative Entwürdigung als für kulantes Verhalten steht, beziehen.

Hier der Vollständigkeit halber die Details zu weiblichen Familiennamen Rothschild, die allesamt keine prominenten Personen waren.

Im Adressbuch der Stadt von 1939 finden sich folgende weiblichen Rothschilds als Haushaltungsvorstände:

Adele, Privatiere, Hanauer Landstraße 12 (Das ist nicht die berühmte Adèle Rothschild, diese stirbt 1922) Bella, Witwe, Bärenstraße 14, 1. Stock Betty, Witwe, Schwanen-Straße 13 (Eigentümerin) Emma, Verwalt., Röderbergweg 109 (Eigentümerin) Helene, Witwe, Adalbertstraße 41 Johanna, Witwe, Joseph-Haydn-Straße 88, Erdgeschoss (Eigentümerin) Johanna, Witwe, Waldschmidtstraße 13, 2. Stock Lina, Witwe, Florstädter Straße 26, Erdgeschoss. Im Adressbuch von 1943 existiert nur noch der Eintrag Hedwig, Witwe, Röderbergweg 43

Und dabei lächelte er vielsagend, als sei es unter der Hand doch klar, dass die ganzen Greuel wohl leicht übertrieben waren, wenn Rothschild'sches Geld vermeintlich ausreichte, einen unangetastet durch die Nazijahre kommen zu lassen.

Und man kann trotzdem nicht so leicht den Stab brechen über ihn. Wenn ich heute, im 30. Jahr nach dem Mauerfall, die Kinder der DDR höre, wie sie sich gegen die Kritik an ihrem Staat zur Wehr setzen, die sie für Kritik an sich halten, weil es Kritik an ihrer Zeit ist und sagen: »Aber es war doch trotz allem *mein* Leben«, dann gilt das Gleiche natürlich mutatis mutandis auch für die Kinder des Nationalsozialismus.

Kinder sind zunächst einmal alle unschuldig, und wären sie die Kinder von Massenmördern. Ebenso selbstverständlich ist aber auch, dass sie vom Geist ihrer Zeit und Umwelt geprägt werden, mein Vater ist das beste Beispiel dafür, er, der seine ›Bildung‹ 1945 abgeschlossen hatte und nicht weiter infrage stellte oder einer Revision unterzog, und sein Lebtag (unterschwellig, halb bewusst) von dem geprägt blieb, was er in den ersten 14 Lebensjahren eingesogen hatte: Deutschland über alles, hart wie Kruppstahl, slawische Untermenschen, die Juden sind unser Unglück, Revanche gegen die Franzosen, perfides Albion, russische Flintenweiber und Horden, Triumph der Wissenschaften, wir gegen alle. Und später: Willy Brandt, der ›vaterlandslose Geselle‹ (dem er immerhin, ich fand das einmal in alten Briefen, 1969 zusammen mit meiner Mutter ein Glückwunschtelegramm zu seiner Wahl geschrieben hat), die Widerständler ›Hochverräter‹.

Das macht alles keinen ›Nazi‹ aus ihm – aber natürlich das Kind einer heillosen Zeit. Denn seine Generation war, wenn sie keine vernünftigen Eltern und kein ethisch gefestigtes Umfeld hatte, der allgegenwärtigen Propaganda, die durch die Poren eindrang, ungleich hilfloser ausgesetzt als die Generation, die schon in demokratischen (oder monarchischen) Zeiten das Denken gelernt und die Welt kennengelernt hatte.

Aber wo blieb dann bei seiner (und Friedrichs) Selbsterfindung von, sagen wir, 1948, als unbelasteter, unzugehöriger, unabhängiger Neuamerikaner die Erschütterung, die 1945, als alles aus war und das Ausmaß der deutschen Untaten auch noch dem Letzten bekannt wurde, den Takt der Welt hätte aussetzen lassen müssen?

Die Antwort meines Vaters war vermutlich, sich von allem Kollektiven zu desolidarisieren und für sein Teil – und nur dafür verantwortlich – ein anständiges Leben, also ein Leben des Anstands, zu führen. Was er ja auch tat. Ob das reicht und wem reicht und wofür reicht – ist eine andere Frage. Und so schritt er fortan als eine Art Parzival durchs Leben und wandte die Lektionen einer im dunkelsten Wald erfahrenen missverständlichen und missverstandenen Erziehung an, permanent herausgefordert und herausfordernd in seiner gefährlichen, unseligen Unschuld.

Wo wollte er denn hin? Immer nach Hause?

Schütz schreibt: »Heimat so verstanden, ist ein Aktivum, der Versuch, durch eine Produktion dahin zu gelangen, wo man nicht mehr ist und nicht mehr sein kann oder nicht mehr ganz hineinpasst – außer eben schreibend, malend, fotografierend oder sonst wie. Was dabei aber herauskommt, ist meist stärker als Heimat je hätte sein können. Es ist ein Kondensat oder Konzentrat – das Selbstverständliche zusammengezogen im Bewusstsein seiner nicht mehr Verständlichkeit von selbst. So ist Heimat nicht einfach nur eine Verlusterfahrung, sondern die Bearbeitung des Verlustes zu einer Erfahrung. Heimat ist Vertrautmachen mit dem Verlust von Vertrautheit.«

Und so wäre die utopische Heimat meines Vaters vielleicht auf seinen Zeichnungen und in seinen Geschichten zu finden. Ein Blockhaus im Wald, im Hintergrund eine Ritterburg. Idylle von Eichhörnchen und Fuchs. Eine Mischung aus Aufbruch in die kanadische Wildnis und Zuflucht in einer Ludwig-Richter-Stimmung, einem hehren Mittelalter im trauten Biedermeierstil des 19. Jahrhunderts. Bis dorthin dringt der Lärm aus den Knochenmahlwerken der Gegenwart nicht. Dort herrscht die Harmonie vor dem Fall. Man muss nur einen Moment die Augen schließen.

5. Kapitel

Rosebud

Der Bildausschnitt zeigt ausschließlich die untere Ge-
sichtshälfte des sterbenden Mannes, nur den Mund und
den grauen Schnurrbart darüber, der sich bewegt und
bebt, während die Lippen das letzte Wort zu artikulieren
versuchen, das sie nur mehr als Hauch verlässt: »Rosebud.«

Der ganze Film *Citizen Kane*, das frühe Meisterwerk
von Orson Welles, dreht sich darum, herauszufinden,
was mit diesem Wort gemeint sein könnte und ob es ein
Schlüssel für das überdimensionale und tragische Leben
des Medientycoons Charles Foster Kane ist.

Im Film bleibt das Rätsel ungelöst, und eine Stimme
aus dem Off meint am Ende resignierend, was immer das
Wort bedeutet haben mag, es sei doch nur irgendein Puz-
zleteil in dieser unüberschaubaren, überlebensgroßen
Existenz gewesen.

Wir Zuschauer erfahren in der letzten Einstellung, was
Rosebud war und können daher retrospektiv und mit
einer Gänsehaut den Abgrund ermessen, der sich auftut.

Als das Gerümpel aus dem Besitz des manischen
Sammlers Kane ins Feuer geworfen und verbrannt wird,

gleitet die Kamera auf den offenen Ofen zu und hält vor einem Kinderschlitten an, der soeben ein Raub der Flammen wird. Bevor das Holz verkohlt, sieht man den Namen des Schlittens: Rosebud.

Nun muss man zurückfinden zu einer ganz beiläufigen Szene, die man im Verlauf des Films nicht genau beobachtet hat. Das Kind Kane wird an einem Wintertag von zu Hause abgeholt, um bei einem fremden Mann zu leben und eine gute Erziehung zu bekommen. Es wehrt sich vergeblich, die Idylle der Kindheit mit Mutter und dem Schlitten, mit dem er vorm kleinen Elternhaus spielte, ist unwiderruflich vorbei. Das Unglück, die Einsamkeit unermesslich.

Was genau das bedeutet, bleibt der Interpretation überlassen. Ist das ganze Leben Kanes nur eine gigantische Kompensation für das im Schlitten symbolisierte verlorene Kinderglück, aus dem er gerissen wurde? Heißt es, dass am Ende ein gelebtes Leben mit seinen Höhen und Tiefen nichts, so gar nichts bedeutet, gemessen an der verlorenen Uridylle? Lautet die Botschaft: Wer und was auch immer aus mir geworden sein mag, ich bin noch stets das unschuldige Kind mit dem Schlitten? Heißt es freudianisch: Mama, du hast mich verlassen, und ich habe die ganzen Reichtümer für dich aufgehäuft, damit du mich wieder lieb hast?

Egal. Worauf es mir ankommt, ist, dass ich auch immer geglaubt habe, es müsse im Leben meines Vaters ein solches Rosebud geben, aus dem sich alles herleitet.

Warum eigentlich? Zum einen natürlich, weil es mir als Sohn meines Vaters schwerfällt, nur Banalitäten und

Kontingenzen zur Erklärung (und Rechtfertigung?) dieses Lebens heranziehen zu können. Weil mir, wann immer ich über meinen Vater nachgedacht habe und auch jetzt wieder, da ich alles aufschreibe, was ich von ihm weiß, ein Schlüssel fehlt, der sein Verhalten erklären, sein Leben verständlich machen, sein Geheimnis öffnen könnte. Etwas, das mir, hätte ich es, sagen würde: Deshalb war er so. Das erklärt alles.

Nun ist im Leben meines Vaters alles, was Rosebud sein könnte, nicht erst nach seinem Tod verbrannt, sondern schon 1944 bei der Ausbombung der Alten Mainzer Gasse. Und das einzige Objekt außer dem Foto aus dem Wehrertüchtigungslager, das ihn und Friedrich zeigt, das aus seiner Kindheit noch existiert, ist jener Holzhase, den sein Vater ihm im Krankenhaus als Abschiedsgeschenk gab. Wäre das der Fetisch, nach dem ich suche, wäre es allerdings, anders als bei Kane, nicht das Symbol einer verlorenen Idylle, sondern das Symbol eines ersten Verrats, eines ersten Verlassenwerdens, einer ersten Einsamkeit.

Nur hat mein Vater von diesem Hasen, den er mir in meiner Kindheit irgendwann zusteckte, nie viel hergemacht. Ich sehe ihn an, und er gibt nichts preis. Was allerdings normal ist: Auch Kanes Schlitten hat niemandem außer ihm etwas gesagt oder bedeutet. Das Geheimnis ist eben nicht im Objekt, sondern ist – sofern es je existiert hat – längst auf den Eigentümer übergegangen und mit ihm verloren.

Dennoch glaube ich nicht, dass meines Vaters Rosebud ein Ding ist. Ich bin immer der Überzeugung gewesen, es sei eine Zeit und eine Erfahrung, nämlich die seiner Kinderlandverschickung. In diesen Monaten vom Weggang aus Frankfurt bis zur abenteuerlichen Rückkehr dorthin liegt – wenn es überhaupt eines gibt – das Geheimnis.

Das Problem ist allerdings: Ich weiß darüber nur sehr wenig.

Wenn ich in den letzten Monaten auf die Offenbarung irgendeines Lebensgeheimnisses gehofft hatte, so war ich schiefgewickelt.

Ich habe ihn gefragt: »Papa, hast du Schmerzen?« Und er schüttelte regelmäßig den Kopf und sagte Nein, Schmerzen habe er keine. Nur schwächer wurde er und dünner. Und beide taten wir dann so, als müsse man dafür dankbar sein und froh darüber. Und wahrscheinlich muss man das auch.

Aber hätte er denn irgendetwas Besonderes offenbaren können? Das Leben ist kein Film, und mein Vater war nicht der Typ, der plötzlich anfängt, mit irgendwelchen enigmatischen Wörtern Spuren zu legen.

Und so bleibt mir aus jener Zeit nur, was er mir schon früher erzählt hat. Nicht viel, ein paar Details, einiges habe ich vergessen, anderes reime ich mir zusammen.

Irgendwann 1944 kam er mit der Kinderlandverschickung in den Westerwald. Es war seine ganze Klasse verschickt worden oder ein Teil davon, und wenn ich es richtig erinnere, war auch der Lehrer Rücker dabei, derselbe, der meinen Vater mit seinem Zweier- und Dreier-Zeugnis später gegenüber der Allianz als den besten Schüler bezeichnete, den er jemals unterrichtet habe, und der meinen Vater während der Mathematik- oder Rechenstunden immer mit einer Tüte voll Geld (das Pausenbrötchengeld oder irgend so etwas) zum Einzahlen auf die Bank oder Post schickte, weil er ihm sowohl menschlich wie rechnerisch vertraute und weil er den anderen so weit voraus war.

Die Kinder lebten bei Bauern, aber offensichtlich zu mehreren.

Ich habe den Namen des Dorfes vergessen. Meine Mutter kann ich nicht mehr fragen. Irgendwann vor 25 Jahren haben meine Eltern einen Ausflug dahin gemacht. Um was zu sehen? Wir haben nie näher darüber gesprochen. Erstaunlicherweise hat auch meine Mutter nichts erzählt. Offenbar war da einfach nichts gewesen.

Die Obsession mit Daten, Orten, Personen der Vergangenheit, das Archivarische, habe ich von meiner Mutter geerbt, ebenso das ausschließliche Interesse an der Vergangenheit bei gleichzeitiger Gleichgültigkeit gegenüber der Zukunft. Mein Vater war anders. Er sah nach vorn, nicht zurück. Er behauptete ja auch, sich an nichts erinnern zu können außer an ein paar anekdotische Kleinigkeiten, nicht einmal an seine Schwester.

Hätte ich ihn also gefragt: Haben das KLV-Lager und die Rückkehr dich traumatisiert, er hätte vermutlich mit den Achseln gezuckt und sich so große Fremdwörter verbeten.

Wie schon zu Zeiten der Morgan-Brooks-Affäre bleiben nur zwei Menschen, von denen ich zusätzliche Informationen über die Zeit erhoffen kann: mein Onkel und – da meine Tante nicht mehr lebt – ihre Tochter.

Leider war Friedrich überhaupt keine Hilfe. Wann

mein Vater ins KLV-Lager gekommen war? Wo das gelegen hatte? In welchem Zustand er wieder nach Hause gekommen war? An nichts davon erinnerte Friedrich sich. Er sagte erklärend, das sei keine Alterserscheinung, sondern schon immer so gewesen.

»Guck, isch hab' als immer was vergesse und musst' mein Direkter fraare. Und der fräscht misch zurück: Sinn des wischtische Sache, die Sie vergesse? Und da sach isch: Nein, wischtische net, nur unwischtische. Na, dann mäschts ja nix, sacht er. Es gibt eben Gehirne, die in der Lage sind, sich dran zu erinnern, was im fuffzehnte Jahrhunnert passiert is, und dann gibts Gehirne, die in der Lage sind, des Unwischtische abzulesche, um sich net dermit zu beschwere. Misch interessiert, was heut' is.«

Nun muss man einen 91-Jährigen zweifellos zu so einer Carpe-diem-Einstellung beglückwünschen, aber für meine Zwecke war dieses Vergessen natürlich ärgerlich.

Friedrich hatte sein Lebtag am liebsten über sich und seine Leistungen und Fähigkeiten gesprochen, und wie immer hatte ich den Eindruck, dass in diesem Bewusstsein kein Raum war für Interesse am Leben anderer. Diesmal empfand ich allerdings außerdem noch einen Mangel an Empathie. Nicht nur hatte er keine Erinnerung an meinen Vater im Krieg oder danach, aus seinem Ton hörte ich auch ein schnödes ›Bin ich meines Bruders Hüter?‹ heraus.

Da war nichts zu holen. Also wenigstens seine eigenen Erinnerungen.

»Wir waren im Bunker während dem Angriff, die Mutti und ich. Also eigentlich war das unter einem Spielplatz in der Gegend nur ein Luftschutzkeller, aber wir haben es ›Bunker‹ genannt. Und als wir rauskamen, da hat das Haus gebrannt und ist abgebrannt. Und dann musste ich vierzehn Tage lang durch die Gegend laufen immer mit derselben Unterhose, das war eklig. Bevor wir dann irgendeine Unterkunft zugeteilt bekommen haben. Das haben die Nazi geregelt, wo du dann untergekommen bist.«

»Und erinnerst du dich an deinen Gemütszustand damals in der Zeit?«

»Mir kannte doch keine Aldernadive. Wenn du nix annerster kennst, musst du mit der Situation lebe, so wie se is. Isch kann misch jetzt net erinnern, dass isch besonders unglücklisch gewese wär …«

»Und als der Krieg vorbei war?«

»Da gabs ja monatelang erst mal gar nix. Keine Ordnung, keine Verwaltung, und wir hatten Hunger. Und meine Schwester, die Gerda, die hat bei den Amerikanern gearbeitet und hat da Kernseife geklaut. Und mit der Kernseife bin ich dann dreimal die Woch' mit meiner Mutter zu den Bauern gefahrn und hab sie gegen Kartoffeln getauscht. Ein halbes Jahr lang haben wir nichts als Kartoffeln zum Essen gehabt, kein Fleisch, kein Brot, keine Butter, keinen Zucker, kein Gemüse, nix. Nur Kartoffeln. Na, ich bin nicht krank geworden davon. Und danach hab ich angefangen, Sport zu machen. Dein Vater ja nicht. Als ich achtzehn war, hab ich bei der Eintracht mit Rugby angefangen und danach mit dem Rudern. Und dass ich sechzehn Jahre Rugby gespielt habe, das weißt du ja … Mein erster Stundenlohn in der Lehre, das war ein Pfennig, und danach habe ich dreimal die Woche in Schwarzarbeit –

das ging ja damals noch, Nockenautomaten repariert. Die sind ja damals noch hydraulisch betrieben worden, und da kam es auf Millimeterarbeit an, das konnten nicht viele, aber ich –«

»Und hast du noch Erinnerungen an deinen Vater?«

»Bleiplatte-Bub hat der misch genannt. Weil meine Mutter ist da bestrahlt worde, isch weiß net mehr weswesche. Und die Ärzt ham ihr gesacht, während der Zeit derf se net schwanger wern. Und dann is se doch schwanger geworde mit mir. Und mein Vater hat des aus irschendeinem Grund mir übbelgenomme und hat misch ›Bleiplatte-Bub‹ genannt. Und wenn isch was gesacht hab', hat er mir mit der Faust aufn Kopp gehaue. Zum Wänä und der Elfriede war des ja n freundlischer Vater. Und als er dann weg ist, war des gut für misch. Wer weiß, wenn er gebliebbe wär, wär isch vielleicht asozial worn.«

Wahrscheinlich, hatte ich immer gedacht, war die Ausbombung des Hauses in der Alten Mainzer Gasse der Anlass, meinen Vater zu evakuieren, vielleicht auch schon einer der früheren Angriffe. Am 9. Februar 1944 teilte die *Rhein-Mainische Zeitung*, das Amtsblatt der NSDAP für den Gau Hessen-Nassau, mit: »Der Schulunterricht für sämtliche Schulen im Stadtbezirk Groß-Frankfurt fällt bis auf Weiteres aus.« Für Donnerstag, den 24.2, wurden die Schulleiter aller Frankfurter Volksschulen verpflichtend zu einer dringlichen Besprechung über Schulverlegungen und Umquartierungen gebeten.

Andererseits war die Entscheidung für oder gegen KLV fast bis zum Schluss eine freiwillige. Meine Mutter erhielt

1944 das Angebot, nach Böhmen oder Mähren zu gehen, was meine Großmutter rundweg ablehnte (und was auch für meine Mutter keine Option war – Gott sei Dank, wenn man weiß, wie es dort bei Kriegsende weiterging). Stattdessen flüchteten die beiden sich nach Lindheim, wo meine Mutter, wenn die Bahn nicht, wie es mehrmals geschah, bei Stockheim von Tiefliegern beschossen wurde, in Glauberg die Dorfschule besuchte, bis auch die dichtmachte.

Also. Die Anfrage oder Aufforderung kam. KLV-Lager im Westerwald. Wollte mein Vater dahin? (Friedrich machte seine Dreherlehre bei der Naxos-Union, einem kriegswichtigen Betrieb, und hatte die Option mit der Luftwaffe in der Hinterhand, die ihn anlässlich der Musterungen für sich reklamierte und damit schützte. Elfriede war in Diesbar.) Wollte meine Großmutter ihn in Sicherheit bringen? Wollte sie ihn loswerden? Oder wusste sie sich gegen die gewiss autoritär vorgetragene Anfrage nicht zu wehren, so wie meine andere Großmutter das ganz selbstverständlich tat? (Die allerdings konnte auch problemlos heim zu ihrer Familie.) War die Trennung von Mutter und Bruder für meinen Vater Abenteuer? Oder Befreiung? Oder Pflicht? Oder Horror?

Er wurde im Januar 1944 dreizehn, das darf man nicht vergessen. Vielleicht ein streetwiser Gassenjunge, wahrscheinlich ungleich viel erwachsener und selbstständiger als ich oder die nachfolgenden Generationen im selben Alter, aber dreizehn! Ein Kind. (Ich versuche mich an meinen Horizont, meine Fähigkeiten, meine Selbstständigkeit zu erinnern als ich 13 war, und ich bekomme eine Gänsehaut.)

Irgendwo in meinem Gedächtnis sitzt der Name Hadamar. Aber ich weiß nicht mehr, ob er sich auf das KLV-Lager bezieht. Irgendwo dort jedenfalls, runde 100, 150 Kilometer von zu Hause entfernt. Das klingt nach nicht viel zunächst. Wenn es nicht Hadamar selbst war, wo ja die Landesheilanstalt zur Todesmaschine umfunktioniert war, in der mehr als 10.000 Menschen euthanasiert und anfangs verbrannt wurden, bis die Bevölkerung begann, angesichts des Gestanks aus dem Krematoriums-Schornstein Fragen zu stellen, wenn es also nicht Hadamar war, dann irgendein Dorf in der Gegend.

Nach dem wenig ergiebigen Gespräch mit Friedrich rief ich also meine Cousine Sabine an.

Und obwohl auch sie mir keine Angaben zum genauen Ort der Verschickung meines Vaters machen konnte, wusste sie natürlich über das Schicksal ihrer Mutter in jener Zeit Bescheid. Und auch unsere Großmutter Martha kannte sie viel besser als ich, schließlich hat sie ein Gutteil ihrer Kindheit mit ihr unter einem Dach verbracht.

Also habe ich sie zuerst noch einmal nach jener Familie Krück befragt. Es waren sechs Geschwister, erzählte Sabine: Den Ältesten, Heinrich, habe auch ich mit meinen Eltern einmal in Köln besucht, wo er lebte. Dann kam Martha. Nach ihr Tante Lisbeth. Das war die, die mit dem Weinguts- und Ausflugslokalbesitzer Reiter in Diesbar verheiratet war. Dann eine Käthe, eine Magda und zuletzt eine Christa (nach der meine Großmutter offenbar ihr zweites uneheliches Kind genannt hat, vielleicht war sie Patin).

Diese Christa, die jüngste Schwester, erzählte Sabine,

war in etwa so alt wie Gerda, und die beiden sind dort in Pfieffe quasi wie Schwestern aufgewachsen.

So weit, so gut. Aber dann kam es, während wir uns über Marthas Abneigung ihren Töchtern gegenüber unterhielten: »Du weißt ja, dass meine Mutter sieben Jahre lang dort in Diesbar gelebt hat. Und in diesen ganzen sieben Jahren hat unsere Oma sie kein einziges Mal besucht! Gerda war die Einzige, die einmal dort war.«

»Was, sieben Jahre? Ich dachte, sie sei zur gleichen Zeit evakuiert worden wie mein Vater, nach den Bombenangriffen Anfang 44 und bei Kriegsende nach Hause gekommen?«

Sabine lachte auf. »Nein, Elfriede hat im Grunde das gleiche Schicksal gehabt wie ihre Halbschwestern. Sie ist erst 1947 wieder zurück zur Familie gekommen. Zwei Jahre nach dem Krieg. Und wurde schon 1940 dort hingeschickt.«

»Ja aber das war doch noch keine Evakuierung 1940!«, rief ich aus. »Damals war doch noch keine einzige Bombe auf Frankfurt gefallen!«

»Das meine ich ja. Unsere Großmutter schaffte, nachdem der Kleeberg sie verlassen hatte und sie arbeiten musste, weil er seinen Unterhaltszahlungen nicht nachkam, meine Mutter genauso weg wie ihre anderen Töchter. Für die Martha haben nur ihre Söhne gezählt. Meine Mutter hat mir erzählt, dass sie die Oma anfangs der Siebziger mal irgendwann in ihrem Altenclub in Fechenheim abgeholt hat. Und da sagte Martha zu einer der anderen alten Frauen, mit der sie zusammensaß: ›Darf ich vorstellen, meine Tochter.‹ ›Ach‹, sagt die andere da, ›ich wusste gar nicht, dass

Sie auch eine Tochter haben!‹ Also meine Mutter war fünf, als sie nach Diesbar kam, und vielleicht kam sie zu ihrer Tante, aber das war trotzdem eine völlig fremde Frau zunächst. Später wurde sie dort wohl sehr verwöhnt und war als Nichte des Weingutsbesitzers angesehen. Es muss für sie der totale Schock gewesen sein, als sie 1947 wieder nach Frankfurt zurück in die ärmlichen Verhältnisse kam ...«

Aber dann, meinte ich, habe die Familie nach der Scheidung ja wirklich kaum noch zusammengelebt. Sabine nickte. »Meine Mutter hat mir mal gesagt, sie sei sieben Jahre weg gewesen und der Werner nur zwei. Sie waren wohl beide ein wenig verbittert, dass sich die Martha ausschließlich um den Friedrich gekümmert hat.«

»Wie, zwei Jahre?«, rief ich erregt in den Hörer hinein. »Ich dachte, er war maximal ein Jahr im Westerwald!«

»Nein, nein, das weiß ich mit Sicherheit«, meinte meine Cousine. »Zwei Jahre!«

Ich rechnete nach: 1938 war Kleeberg weg, und sie kamen in das Loch in der Alten Mainzer Gasse. 1940 wurde die fünfjährige Elfriede an die Elbe geschickt. Da waren sie nur noch drei. 1943 also schon wäre mein Vater nach dieser Rechnung in den Westerwald gekommen. Nach den ersten schweren Angriffen bereits. Als Zwölfjähriger. Das heißt, die letzten zwei Kriegsjahre lebte Friedrich alleine mit seiner Mutti. Kein Wunder, dass er keine Erinnerungen an seine Geschwister hatte!

Aber das hieße auch, dass mein Vater nicht ein knappes Jahr alleine war, ganz alleine, sondern fast zwei ...

Und das, dachte ich, ändert vieles und macht vieles noch schlimmer und erklärlicher ...

Nach dem Ende unseres Telefongespräches überlegte ich neu: Was weiß ich aus seinen Erzählungen?

Dass das Ende abrupt kam, Anfang 45. Ein Wochenende. Zunächst bekam er sein Abschlusszeugnis, er war gerade 14 geworden (da fällt mir auf, dass er diesen Geburtstag und auch schon den davor fern von zu Hause und Familie begangen haben muss), damit war seine Schulzeit beendet. Am Sonntagmorgen wurden er und wohl noch einige andere in der örtlichen Kirche konfirmiert. Und dann wurden sie nach Hause geschickt, wahrscheinlich um vor den anrückenden Amerikanern zu fliehen.

Wie das möglich war? Keine Ahnung. Als mein Vater das erzählte, habe ich nicht die Frage gestellt, die auf der Hand lag: Wer schickt 14-jährige Kinder einfach weg? Eigentlich unmöglich. Auch in diesen letzten Kriegsmonaten funktionierte die Organisation ja noch erstaunlich gut, und interessanterweise ja auch streng abgegrenzte Bereiche der Moral, und so ist es eigentlich undenkbar, dass ein Pfarrer, ein Lehrer, Bauern, womöglich noch irgendwelche Parteifunktionäre, die das Lager organisierten, einfach sagten: Und jetzt verschwindet.

Konnte man es den Kindern auch nur freistellen? Nach dem Motto: Hier ist es vorbei, und wer auf eigene Faust nach Hause will, darf sehen, wie er nach Hause kommt.

Es ist zu spät, diesen Punkt aufzuklären. Aber wie auch immer: Alleingelassen oder fortgeschickt oder sich womöglich aus lauter Heimweh gegen ein Verbot heimlich auf den Weg machend – mein Vater begann seine mehrtägige Odyssee zurück nach Frankfurt.

Wenn ich mich recht entsinne, legte er die Strecke sowohl zu Fuß als auch per Anhalter mit einem Lastwagen und mit der Bahn zurück. Ich weiß nicht, welche Bahnlinien zu dieser Zeit noch in Betrieb waren, vermutlich – so wie ich die Deutschen kenne – noch alle, wenn auch nicht mehr regelmäßig. Aber je nachdem, wo genau er war, wird er doch versucht haben, nach Limburg zu kommen, von wo aus es Züge nach Frankfurt gab. Im Internet sind noch alte Kursbücher von 1944 zu finden, und darauf ist zu sehen, dass es eine Bahnlinie zwischen Siegen und Limburg gab, die auch über Hadamar führte. Von Limburg aus fuhr mehrmals täglich ein Zug via Camberg nach Niedernhausen im Taunus. Dort konnte man umsteigen und über Hofheim und Höchst nach Frankfurt kommen. Das heißt, man hätte in normalen Zeiten so fahren können. Im Chaos der drei letzten Kriegsmonate sah das anders aus.

Aus diesen Tagen stammt die Bahnhofsphobie meines Vaters. Er erzählte von stundenlangem Warten inmitten von Menschenmassen auf dem Bahnsteig, Reisenden, Soldaten, Flüchtenden. Menschen mit Koffern, Kisten, Bündeln, Karren. Alte Frauen, schreiende Kleinkinder. Kein Unterstand, kein Schutz gegen Kälte, Schnee oder Regen. Keine Intimität. Keine Rückzugsmöglichkeit. Und mitten im Gedränge ein 14-jähriger Junge mit Pappköfferchen oder was immer er hatte, um seine Habseligkeiten zu verstauen. Hin- und hergedrängt von den Massen, wenn ein Zug angesagt wurde. Er erzählte, dass jegliche Rücksichtnahme, jegliche Menschlichkeit aufgehört hatten. Es ging nur darum, in einem irgendwann am Bahnhof haltenden Zug einen Platz zu ergattern. Drinnen, auf dem Dach, auf den offenen Waggons, sofern es sich um einen Güterzug handelte, auf den Trittbrettern oder den offenen Endplatt-formen bei den Personenzügen, den ›Donnerbüchsen‹. Es muss mit Stoßen, Fluchen, Drängen abgegangen sein, jeder sich der Nächste, jeder des andern Wolf.

Ich denke mir, diese Anblicke, diese Verlorenheit, diese Angst prägen sich einem unauslöschlich ein. Dann die Ungewissheit: Kommt ein Zug, kommt keiner? Wohin wird er fahren? Und wird er durchkommen? Wäre es besser, es anders zu versuchen? Aber wie? Und der Hunger. Wo kriege ich etwas zu essen her? Und die vage Furcht: Was erwartet mich daheim? Die Bombenangriffe kommen permanent. Leben sie alle? Gibt es ein Dach über dem Kopf? Finde ich sie? Ist der Bruder eingezogen? Ist die Mutter am Leben? Gibt es Neuigkeiten von den Schwestern?

Vielleicht sieht jemand den Jungen als potentielles Opfer? Um ihn auszurauben, ihm etwas anzutun? Beständig auf der Hut, beständig hin und her blickend, hinter sich, seitlich, aus den Augenwinkeln. Nicht auffallen. Spricht ihn jemand an? Freund oder Feind? Hätte mein Vater, hat mein Vater einem Fremden vertraut? War er Herr der Lage oder fühlte er sich wie in einem Albtraum?

Ich weiß, dass er irgendeine Teilstrecke auf einem Güterzug zurücklegte. Ich glaube mich zu erinnern, dass er erzählte – und mir als Kind kam das alles wie ein großes Abenteuer vor, gruselig und spannend, die *Schatzinsel* oder *Robinson Crusoe* waren nichts dagegen –, irgendein Mann oder mehrere Männer haben ihn beim Ansturm auf einen einfahrenden Zug, als er mitten im Getümmel hin- und hergestoßen und geschoben wurde, hoch aufs Dach gezogen, wo er ein Plätzchen fand.

Ich weiß nicht mehr, wie lange diese Odyssee insgesamt dauerte. Mehrere Tage und Nächte jedenfalls. Einer der Züge wurde auf freier Strecke von Tieffliegern beschossen und konnte nicht mehr weiterfahren. Die Passagiere mussten sehen, wo sie blieben.

Vielleicht war das der Moment, in dem mein Vater sich – war es Abend, Nacht oder Tag? – zu Fuß auf den Weg machte und dann, wie er lächelnd berichtete, überglücklich war, dass ein Lastwagen anhielt und ihn einsteigen ließ. Nur handelte es sich dabei eben, wie er hinzufügte, um einen Tanklaster, der Flugbenzin transportierte. Ein Ritt auf einer Bombe also. Ich weiß nicht mehr, ob ihm die Lebensgefahr bewusst war, angesichts der permanenten Möglichkeit von Tieffliegerangriffen in einem mit Flugbenzin beladenen Lastwagen übers freie Feld zu fahren, immer im Spurt zwischen Wäldchen und Wäldchen. Zweimal, glaube ich, sprangen sie aus dem Wagen und warfen sich in den Straßengraben, weil sie Motorengeräusche hörten. War ihm alles egal, weil er vorwärtskommen wollte, oder empfand er es, nach Jungenart, als spannendes Abenteuer, im Urvertrauen auf seine Unsterblichkeit?

Apropos: Hat er Leichen gesehen? Höchstwahrscheinlich ja. Wenn nicht auf dieser Fahrt, dann während der Angriffe auf Frankfurt. Dort sah meine Mutter sie. Hören wir ihr zu:

»Am Morgen des 29. Januar 1944 war es in der Schule irgendwie anders. Unsere Klassenlehrerin war nach kurzer Anwesenheit abgerufen worden, ein uns unbekannter Lehrer übernahm den Unterricht. Kurz danach heulten die Sirenen. Wir holten unsere ›Luftschutztaschen‹ aus dem Schrank und gingen in den Keller. Der Lehrer war verschwunden, keiner kümmerte sich um uns. Alleingelassen überlegten einige von uns, ob es nicht besser wäre, in einen benachbarten Bunker zu gehen. Das war noch nie vorgekommen, es war, als fühlte man die Gefahr, die heraufzog. Während wir noch beratschlagten, tauchte plötzlich meine Mutter auf. Sie hatte sich am Tag zuvor in der Post bei der Arbeit einen beladenen Paketwagen über den Fuß gefahren, trug nun einen Straßenschuh und einen Filzpantoffel und war in einem benachbarten Krankenhaus zum Röntgen gewesen. Während sie noch auf den Befund wartete, gab es Alarm. Sie beschloss spontan, zur Schule zu gehen. Meine Klassenkameradinnen, von denen einige meine Mutter kannten, scharten sich nun angstvoll um sie. Natürlich ging gleich das Licht aus, wir stiegen in den Keller hinunter, holten eine Kerze aus der Luftschutztasche und zündeten sie an. Es krachte und donnerte furchterregend, wir saßen nur da und zitterten im Getöse der Bomben und Flakschüsse. Als es endlich wieder ruhig war, gingen wir nach oben. Irgendjemand forderte die Schüler auf, bei Aufräumungsarbeiten zu helfen, die Schule war zwar nicht direkt getroffen, aber doch ziemlich beschädigt. Aber meine Mutter schnappte mich, und wir machten uns auf den Heimweg. Wir benötigten mehr als zwei Stunden für einen Weg, der normalerweise in 15 Minuten geschafft war. Wohin wir uns auch wandten, es war kein Durchkommen. Überall herrschte das totale Chaos, Brände, Schutthaufen, unvermutet explodierende Blindgänger – ein hohes, scheinbar unversehrtes Haus sackte vor unseren Augen zusammen. Heruntergerissene Straßenbahnleitungen, riesige Bombentrichter auf den Straßen, Wind, wie immer bei großen Bränden, und Staub. Endlich erreichten wir die Merianstraße. Ich rannte auf die andere Straßenseite, um unser Haus sehen zu können und schrie: ›Mama, es steht!‹ Sie antwortete: ›Ja, aber wie?‹ Als wir näherkamen, sahen wir, wie Frau Stenglein im Parterre mit einer Kehrschaufel Schutt aus dem Fenster warf. Wir gingen hinauf, die Scheiben der Wohnungstür waren zerbrochen, die Tür, die in das Zimmer von Fräulein Berkes führte, unserer Untermieterin, war weg, sie fand sich auch nie wieder und wurde später durch eine aus dem Nachbarhaus ersetzt. Das Dach unseres Hauses war abgerissen, vom Mansardenstock sah man in den Himmel. Alle Fenster einschließlich Rahmen waren kaputt, auf der Couch und den Betten lag hoch der Schutt, der von der Zimmerdecke gebrochen war. Die Gardinen hatten sich um die Messingstangen gewickelt, die Rückwand des Büffets, das vor einer Verbindungstür stand, war weg, die Sammeltassen waren nur noch Scherben, die Weingläser bestanden nur noch aus Stielen. Seltsamerweise waren die Glastüren an der Vorderseite heil. Auf der gegenüberliegenden Straßenseite brannte es, Funken flogen. Ich begann sofort, Bettzeug und alles, was mir leicht brennbar erschien, in den Keller zu schleppen und schob alles, was ich bewegen konnte, von den Fenstern weg. Meine Mutter zitterte an allen Gliedern und setzte sich zuerst einmal zu Frau Stenglein und rauchte eine Zigarette. Willi, der mir im Jahr zuvor die abgebrochene Spitze des Christbaums geschient hatte, den ich nach Hause schleppte, half mir wieder, auch er war beschäftigt aufzuräumen. Ich habe die Familie nach dem Krieg nicht wiedergesehen. Inzwischen berieten sich die Frauen des Hauses. Man konnte kein Essen zubereiten, das Gas funktionierte nicht, der Schornstein des Hauses war kaputt, sodass man auch kein Feuer im Herd machen konnte. Jemand hatte gehört, in der Nähe werde Essen ausgegeben. Wir gingen mit einer Nachbarin (es war übrigens diejenige, die nach dem ersten Bombenangriff Hilfsunwillige der Partei hatte melden wollen und deren Mann die ganze Nacht auf dem Dach gestanden und gelöscht hatte, und der dabei so nass wurde, dass er sich eine Lungenentzündung einfing, an der er starb) durch die nächste Straße, als wieder ein Haus zusammenstürzte. Unsere Begleiterin fiel oder warf sich auf den Boden, dann drehte sie ihren Spankorb um, in dem sie Geschirr mitgeführt hatte und leerte die Scherben aus. Wir kehrten ohne Essen zurück. Abends gingen wir mit anderen Frauen zum Bunker, um dort zu übernachten. Es gab keine Feldbetten, nur einfache Holzbänke. Ich versuchte darauf zu schlafen, aber es war ziemlich aussichtslos. Natürlich gab es Fliegeralarm aber zum Glück keinen neuen Angriff. Am Morgen gingen wir nach Hause, packten das Notwendigste zusammen und machten uns Richtung Bahnhof auf, um nach Lindheim zu flüchten. Gleich an der nächsten Ecke bogen wir in die Elkenbachstraße ein. Mitten auf der Fahrbahn war ein riesiger Bombentrichter, wir gingen rechts daran vorbei. Vor einem fast unversehrten Haus lag ein Haufen Bettzeug. Im Vorbeigehen sah ich, dass Schuhe darunter hervorsahen, Männer-, Frauen- und Kinderschuhe. Ich sah meine Mutter an, aber die blickte geradeaus und sagte nichts.

Eine Bombe war von hinten schräg direkt in den Luftschutzraum dieses Hauses gefallen. Alle, die darin waren, waren tot. Es war die Familie – Eltern, zwei kleine Brüder, Onkel, Tante, Cousine und Cousin – einer ehemaligen Schulfreundin, Ilse Gaffrey, die zur Zeit des Angriffs in der Schule war und so überlebte.«

Es ist also mehr als wahrscheinlich, auch wenn mein Vater anders als meine Mutter nie davon sprach, dass er Tote gesehen hat. In Frankfurt nach den Bombenangriffen, auf diesem goyahaften Nachhauseweg durch die Desaster des Krieges. Und vielleicht erklärt dieses Übermaß des Schreckens für die Seele eines Kindes auch die Ludwig-Richter-hafte Idylle seiner späteren Erzählungen und Bildgeschichten. Die vormodernen, quasi biedermeierlichen Szenen in Waldesstille, die zutraulichen Häschen und Rehe, die Harmonie der Schöpfung, betrachtet aus einem sicher umzäunten Haus und Garten. Trostgeschichten aus dem Winkel also.

Aber genau so hatte es begonnen: Mein Vater schilderte, wann und warum er mit dem Erzählen angefangen und zugleich sein Talent dafür entdeckt hatte: an den Abenden im KLV-Lager.

»Die anderen Kinder (es gab also offenbar einen Schlafsaal oder, sofern sie bei Bauern waren, einen Heuboden) weinten sich vor Heimweh in den Schlaf. Oder sie hatten Angst. Und da habe ich eben angefangen, ihnen Geschichten zu erzählen, um sie zu trösten oder aufzuheitern und sie abzulenken. Ich war ja selbst ein Kind, aber dass meine Geschichten die anderen trösteten, das tröstete auch mich irgendwie.

Die Themen? Keine Ahnung. Ich habe sie überall hergenommen und dann improvisiert. Und schnell gemerkt, dass ich es konnte und dass es den anderen gutgetan hat.«

Und was war mit seinem eigenen Heimweh und seinen eigenen Tränen? Darüber kein Wort.

Auch nur wenig über den Alltag dort. Es wird die üblichen Orientierungsmärsche und Geländespiele und Lagerfeuer gegeben haben, all die pfadfinderhaft getarnte soldatische Vorbereitung unter dem Deckmantel der Kameradschaft. Wenig Raum für Individualität, keiner für Intimität. Hart wie Kruppstahl sollten sie werden, aber welcher 13-Jährige vermag das schon?

Das Einzige, woran ich mich genau erinnere, ist die Erzählung vom Frühstück unter freiem Himmel mit den Gläsern voller rotem Himbeerersatz-Gelee und wie die Kinder mit ihren Löffeln die Wespen-Trauben in den Gelee hineinschlugen, um sie, sobald sie verklebt und erstickt waren, wieder herauszupulen und sich dann die Marmelade aufs Brot zu schmieren.

Man hat ja herausgefunden, dass nicht nur die Erinnerung an Traumata, sondern die Traumata selbst vererbt werden, und meine Eigenart, nach Einbruch der Dunkelheit gerne mit allen menschlichen und tierischen Familienmitgliedern in einem gut erleuchteten Zimmer zu sitzen, aus dem sich niemand mehr nach draußen entfernt, mich nur dann und dort vollkommen entspannt zu fühlen, mag denn auch ein Echo der Abende und Nächte sein, die mein Vater und meine Mutter in brennenden Städten und auf menschenüberfüllten Bahnhöfen unter freiem Himmel umherirrten, ohne die Gewissheit, dass es so etwas wie ein Zuhause noch gab. Obwohl ich in meinem eigenen Leben von der Nacht nie etwas zu befürchten hatte, im Gegenteil.

Elfriede, wenn auch von ihrer Mutter (gefühlt) verstoßen, hatte immerhin Familie um sich. Der Einzige der Geschwister, der diese Erfahrung von Verlassenheit und Einsamkeit, von Auf-sich-Gestelltsein und Angst und Ungewissheit in einer apokalyptischen Umwelt in dieser Wucht machen musste, war mein Vater. Wie kommt man da heraus?

Als ich Sabine, in einem letzten Versuch, noch etwas Erhellendes über das Wesen meines Vaters zu hören, fragte, ob sie sich denken könne, woher seine Isolation kam, die Tatsache, dass er im Gegensatz zu seinen Geschwistern nie einen Freund gehabt habe, da sagte Sabine: »Meine Mutter hat auch nie in ihrem Leben eine Freundin oder einen Freund gehabt. Sie konnte keinem mehr vertrauen.«

Seither echot dieser Satz in meinem Kopf. Bedeutete er: Sie konnte keinem mehr vertrauen, weil sie der eigenen Mutter nicht vertrauen konnte? Und wenn, galt das Gleiche für meinen Vater? War es nicht die Einsamkeit des Lagers und auch nicht die traumatische Odyssee nach Hause, sondern das Wissen oder die Ahnung, dass es für ihn kein Zuhause gab?

Kein Zuhause außer dem, das er sich später selbst

schaffen würde? Dass er alleine war in einer schwer vorstellbaren Absolutheit. Bis zu seinem letzten Atemzug ...

Vielleicht, denke ich mir, ist das der Schlüssel.

Keinem mehr vertrauen zu können, das heißt, dass die Tektonik der Welt zerstört ist. Es gibt kein Oben und Unten mehr, keine Sicherheit, keine Gewissheit, keine Hoffnung. Es ist die Erfahrung absoluten Horrors, die all die Millionen Opfer der Nazis gemacht haben müssen. Die Vertriebenen, Erniedrigten, Erschossenen, Vergasten, alle die, die ins Auge des unvorstellbar Bösen geblickt haben.

Wo kein Licht der Gnade mehr hinter der vollkommenen Hoffnungslosigkeit schimmert. Und nicht nur die Verfolgten wurden zu Opfern der Nazis. Auch die Kinder der Täter, Mitläufer und Dulder.

Die Überlebenden lebten weiter. Weil, wie mein Onkel sagte, man ja leben muss.

Aber habe ich wirklich recht mit meiner Ahnung, Charakter und Leben und Schicksal meines Vaters ließen sich so monokausal aus den Erfahrungen dieser Jahre beschreiben? Wahrscheinlich nicht, wahrscheinlich ist diese ganze Citizen-Kane-Detektivarbeit ein Klischee, und in Wirklichkeit ist es so, dass unzählige Erfahrungssplitter unser unzählig facettenreiches und widersprüchliches Wesen aufbauen und dass dazu ein Gutteil Zufall und Kontingenz kommen. Ein einzelnes Leben ist, wie die Geschichte, nichts, das man teleologisch oder philosophisch betrachten könnte und zu berechenbaren Ergebnissen käme. Ebenso wenig kann man vom Ende her logisch und zwingend rekonstruieren. Wie der Lauf der Geschichte ist es eben nur was es ist und was es geworden ist. Und hätte, in vielen Details, die sich dann vielleicht zu einem Großen summieren, auch ganz anders kommen können.

Gewiss, aber ein paar entscheidende Fakten bleiben. Sie sind wie die Grundpfeiler dieser Existenz in den Boden gerammt, und was immer an individueller Entfaltung geschah, konnte nur auf dieser Grundlage entstehen. Diese Faktoren sind die beiden Begriffspaare Geld und Bildung zum einen und Bindung und Entwurzelung zum andern.

Geld und Bildung hängen ursächlich zusammen, damals ungleich mehr als heute. Hätte die Familie meines Vaters Mittel gehabt, um die Kinder aufs Gymnasium und die Universität zu schicken, wer weiß, was angesichts ihrer Fähigkeiten aus ihnen geworden wäre. Wäre die Elterngeneration meiner Eltern, also die Frontkämpfer des Ersten Weltkriegs, nicht so entwurzelt worden und ihrerseits schon traumatisiert von den Kriegsgreueln und der Inflation und den daraus resultierenden Wanderbewegungen, hätte mein Vater vielleicht auf einen Anker oder gar einen Hafen zurückgreifen können in der Kirche oder der sozialistischen oder sozialdemokratischen Gewerkschaftsbewegung. Es hätte in diesem Leben ein »Wir« und ein »Uns« gegeben. Und dadurch ein Interesse am kollektiven Wohl anstatt der ausschließlichen Fokussierung auf Familie und Geld. Ganz davon abgesehen, dass es vielleicht eben auch eine funktionierende Familie gegeben hätte statt Trennung, Verrat und Elend.

Und wäre er 100 Jahre früher geboren, in die damals wohlhabende sächsische Bauernfamilie Kleeberg, wäre er also 1831 geboren und 1914 gestorben – wie vollkommen anders wäre dieses Leben verlaufen.

Andererseits: Wäre er als neurotisches Kind direkt nach Hadamar geschickt worden oder hätte man in einem von ihnen ein Tröpfchen »jüdisches Blut« gefunden nach 1933, dann hätte mit einiger Wahrscheinlichkeit keiner von ihnen überlebt, und mich gäbe es nicht, der sich müßige Gedanken über ›was wäre gewesen wenn?‹ machen kann.

Man überschätzt – oder ich überschätze – den direkten Einfluss einer entsetzlichen oder apokalyptischen Außenwelt auf den Alltag eines psychisch normal stabilen Menschen. Es ist ein Irrtum, bass erstaunt vor der Tatsache zu stehen, dass mein Vater keine drei Monate nach dieser traumatisierenden Reise, der Krieg war gerade zu Ende, vor dem Personalchef der Allianz Frankfurt stand und sich seine erwünschte und erträumte Lehrstelle erkämpfte. Natürlich tat er das. Es war die Forderung des Tages. Was hätte er sonst tun sollen? Im Bett liegen und über die Zeitläufte wimmern? Gewiss, es gab solche Totalzusammenbrüche, tiefen Depressionen und Unfähigkeiten, der Welt noch länger ins finstere Angesicht zu blicken. Aber sie waren nicht die Regel. Die Regel ist, dass man morgens aufsteht und tut, was an diesem Tag getan werden muss. Die gestundete innere Rechnung ist für später oder wird in Raten der kleinen und größeren Neurosen abbezahlt.

Noch einmal also: Wurde mein 14-jähriger Vater in diesen zwei einsamen Jahren, in denen er nur auf sich selbst vertrauen konnte, zu Parzival, dem reinen Toren, der nichts von der Welt verstand, der glaubte, ritterliche Tugenden zu lernen und als einer, der das Rasen der Welt in den Knochen hatte, selbst zum Rasenden werden konnte? Und der vor allem – von welchem Gurnemanz? – lernte, keine Fragen zu stellen.

War es so? Dass er niemanden fragte, nicht weil er so erzogen worden wäre, sondern weil niemand da war, den er hätte irgendetwas fragen können? Weil er so ungeheuer allein war.

»Irn sult niht vil gevrâgen.« Nicht viel fragen und sich niemandem offenbaren. Daran hielt er sich sein Leben lang.

Wir haben heute die Tendenz, alles für eine Neurose oder ein Trauma und jeden Menschen für therapiebedürftig und therapierbar zu halten. Das Wort ›Schicksal‹ wie das Wort ›Natur‹ sind genauso wie ›Güte‹ oder ›Bösartigkeit‹ aus unserem Denken verschwunden. Aber vielleicht ist es ja so, dass mein Vater zu dem Menschen wurde, als den ich ihn erlebte, im Guten wie im Schlechten, einfach weil es so angelegt war in ihm. Dass da nichts zu suchen, zu finden, aufzuspüren und zu therapieren gewesen wäre. Vielleicht war er der Mensch, der keinen Freund wollte, sondern nur die Geliebte/Gefährtin, vielleicht war er der Mensch, der die anderen nicht fragte oder sich ihnen ausschüttete, nicht weil er traumatisiert war, sondern weil es seinem Wesen indezent vorgekommen wäre. Vielleicht führt all dieses »aber warum war er so und so und hat dies und jenes getan oder unterlassen« ganz einfach zu nichts. Vielleicht muss man den Menschen wie ein Kunstwerk sehen, bei dem man den Schöpfer oder Autor ja auch nicht permanent fragt, wieso es so und nicht anders sei. Es gefällt einem oder nicht. Es erfüllt einen mit Freude oder Abscheu oder lässt einen gleichgültig. Man achtet es als Leistung seines Schöpfers, und wenn es einen nicht interessiert, lässt man es zumindest aus Respekt heil.

Und vielleicht bekommt jeder Mensch, ohne dass es dabei gerecht zuginge, die Reaktionen auf sich und sein Leben, die sich aus seiner Natur und seinem Verhalten ergeben, und es wäre müßig zu fragen: Bin ich schuldig geworden an ihm? Habe ich ihm Abbitte zu leisten? Oder er mir? Mit dem Tod sind alle Rechnungen beglichen, die auf dieser Seite aufgelaufen sind. Für die anderen sind wir nicht zuständig.

Und habe ich denn jetzt eine Antwort auf die Fragen, die ich mir stellte, als ich von Captain Brooks und Dr. Morgan erfuhr? Was für ein Mensch fällt auf diese Masche herein? Was für ein Mensch glaubt daran? Was für ein Mensch macht ein Geheimnis daraus?

Vielleicht hat mein Vater sein ganzes Leben lang geglaubt, dass das Schicksal für ihn, für einen Kleeberg, irgendwann gerechterweise die Chance bereithält, sein Glück und das Glück der Seinen zu machen. Und dass er es sich und ihnen schuldig ist, sie zu ergreifen, wenn sie endlich da ist, dieses Abenteuer zu wagen nach Ritterart. Konsequent und ohne dass ein anderer ihm zuvorkommt oder sie ihm wieder wegnimmt.

Vielleicht könnte das Nachdenken über ihn enden mit den Schlusssätzen aus einem meiner liebsten Romane, F. Scott Fitzgeralds *Great Gatsby*:

»Gatsby believed in the green light, the orgastic future that year by year recedes before us. It eluded us then, but that's no matter – tomorrow we will run faster, stretch out our arms farther …

And one fine morning –

So we beat on, boats against the current, borne back ceaselessly into the past.«

Ich möchte ein letztes Bild meines Vaters zeichnen. Eines, auf dem ich ihn wiedererkenne.

Wenn wir in Lindheim waren, wurde mein Vater sonntagmorgens, während der Braten im Ofen war, von Heinz und seinem Vater Karl (nicht dem SS-Karl!) hinüber zu Emils Wilhelm bugsiert, der Äppelwoikneipe hinter der Brücke. Heinz war der Sohn Elsas, also der Cousin meiner Mutter, vier Jahre jünger als sie. Er arbeitete in Frankfurt in der Bauer'schen Gießerei. Karl, bis zum Krieg ein Landarbeiter, war bis 1954 in Russland gewesen, hatte sich dort eine Lungentuberkulose eingefangen und war seither arbeitsunfähig. Er war viel im Wald, kümmerte sich um das Jagdrevier und die Hunde irgendeines wohlhabenden Mannes.

In Gesellschaft dieser beiden Männer, die ihn nicht beurteilten und die er nicht beurteilte, war mein Vater entspannt wie selten. Sie saßen in der braun gebeizten Schankstube, der alte Karl Stroh brachte ihnen einen seiner selbst gekelterten, köstlichen Apfelweine nach dem anderen. Ich war nicht dabei, wir Kinder holten die Männer nur ab, wenn das Essen fertig war. Aber ich weiß, dass mein Vater sich dort wohlfühlte. Heinz und Karl schätzten ihn und wussten, dass ihrer Inge nichts Besseres hätte passieren können als er. Worüber auch immer sie sich unterhalten mochten, es ließ meinem Vater – das sah ich an seinen Augen – die Möglichkeit, zugleich und neben dem Gespräch auch noch in ganz anderen Welten zu weilen und zu schweifen, die nur ihm gehörten. Und wenn wir Kinder dann insistierten, das Essen stehe auf dem Tisch, sie müssten rüberkommen, ging über das Gesicht meines Vaters eine unmerkliche, aber komplexe Bewegung: ein Gran Bedauern, aus der Männerintimität gezogen zu werden. Ein Schimmer Erleichterung, jetzt wieder nach Hause zu dürfen: zum Anblick des Gesichts seiner Frau, das ihm fast alles bedeutete. Und als er aufstand, schob sich, wie es bei Rilke heißt, der Vorhang der Pupille lautlos auf. Dann ging ein Bild hinein, ging durch der Glieder angespannte Stille – und hörte im Herzen auf zu sein.

Aus Verantwortung für die Umwelt hat sich
der *Verlag Galiani Berlin* zu einer nachhaltigen
Buchproduktion verpflichtet. Der bewusste Umgang mit
unseren Ressourcen, der Schutz unseres Klimas und der
Natur gehören zu unseren obersten Unternehmenszielen.

Gemeinsam mit unseren Partnern und Lieferanten setzen
wir uns für eine klimaneutrale Buchproduktion ein,
die den Erwerb von Klimazertifikaten zur Kompensation
des CO_2-Ausstoßes einschließt.

Weitere Informationen finden Sie unter:
www.klimaneutralerverlag.de

Verlag Kiepenheuer & Witsch, FSC® N001512

1. Auflage 2020

Verlag Galiani Berlin
© 2020, Verlag Kiepenheuer & Witsch, Köln
Alle Rechte vorbehalten
Covergestaltung Manja Hellpap und Lisa Neuhalfen, Berlin
Covermotiv © photothek/Florian Gaertner
Lektorat Wolfgang Hörner
Gesetzt aus der Kepler Std
Satz Buch-Werkstatt GmbH, Bad Aibling
Druck & Bindung GGP Media GmbH, Pößneck
ISBN 978-3-86971-140-9

Weitere Informationen zu unserem Programm finden Sie
unter *www.galiani.de*

Ein kaleidoskopischer Roman über das Zusammentreffen von Orient und Okzident

Gebunden, 464 Seiten

»Das Panorama einer von Konflikten, Terrorismus und Vertreibung erschütterten Welt – ein Buch, das im aufgeheizten Streit um die Abriegelung der europäischen Außengrenzen ein leuchtendes Mahnmal für Freiheit und Humanität darstellt.« *Spiegel Online*

»Das literarische Meisterwerk des Jahres für mich! Ein west-östlicher Divan in goethischer Prägung. (...) In einer Vielfalt von Stilen erzählt – atemberaubend.« *Joachim Scholl, Deutschlandfunk Kultur*

www.galiani.de